संरक्षण

योगी आदित्यनाथ

माननीय मुख्यमंत्री, उत्तर प्रदेश

मार्गदर्शन

श्री जयवीर सिंह

माननीय मंत्री, संस्कृति एवं पर्यटन विभाग, उत्तर प्रदेश

निर्देशन

श्री मुकेश कुमार मेश्राम

प्रमुख सचिव, संस्कृति एवं पर्यटन विभाग, उत्तर प्रदेश
अध्यक्ष-संस्थान

श्री शिशिर

निदेशक, संस्कृति निदेशालय, उत्तर प्रदेश
उपाध्यक्ष-संस्थान

उत्तर प्रदेश का स्वतंत्रता संग्राम

फतेहपुर

डॉ. अश्विनीकुमार शुक्ल

कार्यकारी संपादक

डॉ. लवकुश द्विवेदी

लेखश्री पब्लिकेशन

उत्तर प्रदेश संगीत नाटक अकादमी
लखनऊ

इस पुस्तक में प्रकाशित तथ्य एवं छायाचित्र लेखक/संपादक/तथ्य संकलनकर्ता द्वारा उपलब्ध कराये गये हैं। यदि किसी स्तर पर कोई तथ्यात्मक अशुद्धि संज्ञान में आती है तो उसे आगामी संस्करण में शुद्ध कर मुद्रित किया जायेगा।

लेखश्री पब्लिकेशन

दयानन्द मार्ग, दरियागंज, नयी दिल्ली-110002

मो.- 8588048658

ईमेल : daminimaheshwari017@gmail.com

In Association with

लखनऊ

Uttar Pradesh Sangeet Natak Akademi, Lucknow

presents

Uttar Pradesh Ka Swatantrata Sangram : Fatehpur

by Dr. Ashwinikumar Shukla

Executive Editor : Dr. Lavkush Dwivedi

ISBN : 978-81-905386-8-8

History

प्रथम संस्करण 2023

मूल्य : ₹ 595

आर. टेक ऑफ़सेट प्रिंटर्स, दिल्ली-110 032 में मुद्रित

भूमिका

प्रयागराज और कानपुर के बीच का ऐसा भूभाग, जिसकी उत्तर दिशा में सुरसरि की पौराणिक धारा लाखों वर्षों से आज भी प्रवहमान है, और दक्षिण दिशा में सूर्यपुत्र यमराज की श्यामला बहन यमुना (कालिंदी) की धारा निनादित है, पौराणिक आख्यानों में 'अंतर्वेद' के नाम से अभिहित है। इसी 'अंतर्वेद' नामक भूक्षेत्र के मध्य में गंगा-यमुना के दोआब में स्थित तथा पूर्व में कौशांबी और पश्चिम में कानपुर नगर जनपदों की सीमाओं से घिरा हुआ 4,152 वर्ग किलोमीटर का परिक्षेत्र वर्तमान में फतेहपुर जनपद के नाम से जाना जाता है। वेदों-पुराणों के युग से लेकर समकालीन युग तक गंगा-यमुना के बीच स्थित फतेहपुर की पवित्र, हरी-भरी, संघर्षों की गाथा से संपृक्त, अत्यंत उर्वर और शस्य-श्यामला धरती भारत के गौरव को सदैव बढ़ाती आई है।

पौराणिक काल के बहुत बाद में फतेहपुर जनपद इतिहास और बौद्ध साहित्य में वर्णित भारतीय सोलह महाजनपदों में से एक 'वत्स' का भी हिस्सा रहा है। उस समय कौशांबी नगरी वत्स महाजनपद की राजधानी हुआ करती थी। महाजनपद काल से लेकर मध्य काल तक की अनेक ऐतिहासिक कड़ियों के बाद इतिहास-ग्रंथों को खँगालने पर ज्ञात होता है कि मध्य काल में फतेहपुर जिले का एक बड़ा हिस्सा अर्गल के राजाओं के कब्जे में था और तत्कालीन कन्नौज साम्राज्य का हिस्सा था। मुस्लिम काल के प्रारंभिक दौर में इसे कोड़ा परगना में शामिल कर लिया गया था और पंद्रहवीं शताब्दी में यह जौनपुर के अल्पकालिक राज्य का हिस्सा बना लिया गया था। अकबर के समय में फतेहपुर जिले का पश्चिमी आधा हिस्सा कोड़ा परगना का हिस्सा था, जबकि पूर्वी आधा कड़ा में शामिल था। अकबर ने इन परगनों को समाप्त कर 'फतेहपुर-हसवा' परगना बनाया था। दिल्ली शासकों की क्रमिक गिरावट के दौरान फतेहपुर को अवध के क्षत्रप को सौंप दिया गया था, लेकिन 1736 ई. में यह मराठों के अधीन हो गया, जिन्होंने 1750 ई. तक फतेहपुर पर कब्जा बनाए रखा। बाद में फतेहपुर के पठानों द्वारा यह पुनः हासिल कर लिया गया। 1773 ई. में वारेन हेस्टिंग्स ने इस क्षेत्र पर कब्जा कर लिया और इसे अवध के नवाब को बेच दिया। 1801 ई. में यह क्षेत्र ईस्ट इंडिया कंपनी के आधिपत्य में आ गया और तत्कालीन कानपुर व इलाहाबाद परगनों का मुख्यालय भिटौरा को बनाया गया। 1826 ई. में फतेहपुर जिला स्थापित किया गया और मुख्यालय भिटौरा से हटाकर फतेहपुर नगर को बना दिया गया।

इस पौराणिक-ऐतिहासिक महत्त्व वाले जनपदीय क्षेत्र में अनेक पौराणिक और ऐतिहासिक स्थल आज भी हैं। इनमें से गंगा-तट पर स्थित भृगु ऋषि की तपस्थली (भृगुठौरा) आज भी भिटौरा (भिठौरा) नाम से धर्म, संस्कृति एवं आस्था की साक्षी बनी हुई है। भिटौरा में देवनदी गंगा के उत्तरवाहिनी हो जाने के कारण इस स्थान का माहात्म्य वैदिक काल से आज तक स्थिर है। ओमघाट के हरे-भरे चित्ताकर्षक प्राकृतिक एवं रमणीक वातावरण में पहुँचकर मन प्रसन्न हो उठता है। इस घाट पर नौकायन की भी सुविधा है। गंगा के इस क्षेत्र में डॉल्फिन मछलियाँ भी पाई जाती हैं। गंगा-तट पर ही स्थित असनी देवताओं के वैद्य अश्विनीकुमारों की नगरी के नाम से ख्यात है। असनी कवियों और बुद्धिजीवियों की नगरी के रूप में प्रसिद्ध रही है। स्वतंत्रता के बाद भी यहाँ अनेक प्रभावशाली व्यक्तियों का जन्म हुआ है, जिन्होंने जनपद को गौरवान्वित किया है। उदाहरण के लिए स्व. अशोक वाजपेयी का नाम लिया जा सकता है, जो अपनी मखमली आवाज से आकाशवाणी के समाचारवाचक के रूप में श्रोताओं को दशकों तक मुग्ध किए रहे। इसी प्रकार नौबस्ता नामक गंगातट पर स्थित घाट का भी पौराणिक और ऐतिहासिक महत्त्व बताया जाता है। बिंदकी तहसील का ऐतिहासिक गाँव शिवराजपुर भी गंगा के तट पर बसा हुआ है। शिवराजपुर में श्रीकृष्ण भगवान का एक ऐतिहासिक मंदिर है, जिसके बारे में प्रसिद्ध है कि इसे मीराबाई द्वारा बनवाया गया था।

यमुना तट पर स्थित रेंह गाँव में ईसा पूर्व आठवीं शताब्दी के विद्यमान अवशेष प्राचीन सभ्यता की गाथा का बखान आज भी बड़ी शान से कर रहे हैं। कहा जाता है कि रेंह महाभारतकालीन गाँव है और श्रीकृष्ण के बड़े भाई बलराम की ससुराल यहीं थी।

यमुनातट के समीप स्थित असोथर (अशोथर) का जुड़ाव महाभारत काल से स्थापित किया जाता है। फतेहपुर नगर से दक्षिणपूर्व में लगभग तीस किलोमीटर दूर स्थित इस नगरी के बारे में कहा जाता है कि कौरवों-पांडवों के गुरु द्रोणाचार्य के पुत्र अश्वत्थामा ने महाभारतकाल में ब्रह्मास्त्र पाने के लिए यहीं पर आकर तपस्या की थी, तब से ही इस बस्ती का नाम 'असुफल' हो गया था, जो कालांतर में असोथर के नाम से जाना गया। खीची वंश के राजाओं में राजा भगवंतराय खीची ने अश्वत्थामा का मंदिर बनवाया था। मान्यता के साथ जनश्रुति है कि अश्वत्थामा अजर-अमर हैं और आज भी अपनी तपोस्थली असोथर व यहाँ स्थित 'मोटे महादेव मंदिर' में पूजार्चन करने आते हैं। यही कारण है कि असोथर और उसके आस-पास का समूचा क्षेत्र अश्वत्थामा के मंदिर में आस्था और विश्वास जीवित किए हुए है। यह भी जनश्रुति है कि महाभारत काल में अज्ञातवास के समय कुछ अवधि पांडव यहाँ टिके थे। इसीलिए असोथर के दक्षिण में स्थित 'बाबा अश्वत्थामा धाम' नामक प्राचीन मंदिर पांडवकालीन माना जाता है। यहीं पास में स्थित बौंडर ग्राम, जो कि असोथर के उत्तर में लगभग तीन किलोमीटर की दूरी पर है, से भगवान श्रीकृष्ण के बड़े भाई बलराम के मंदिर के प्राचीनकालीन अवशेष प्राप्त हुए हैं। स्थानीय निवासी इनके प्रति बलभद्र स्वामी महाराज या भात

बाबा के नाम से आस्था प्रकट करते हैं। ऐसा कहा जाता है कि बलराम के इस मंदिर को मध्य काल में ध्वस्त कर दिया गया था, जिसके अवशेष के रूप में खंडित मूर्तियाँ और कलाकृतियाँ अभी भी वहाँ विद्यमान हैं और यह मंदिर आज भी इस क्षेत्र के लोगों की आस्था का एक प्रमुख केंद्र है।

इसी प्रकार किशनपुर कस्बे के पास यमुनातट पर ही स्थित एकडला को अकबर के दरबारी बीरबल का ननिहाल बताया जाता है। यमुनातट पर स्थित अनेक स्थानों में से एक चाँदपुर गाँव हिंदी के आधुनिककालीन महाकवि महाप्राण निराला (सूर्यकांत त्रिपाठी 'निराला') का ननिहाल है।

फतेहपुर जनपद की वर्तमान तीन तहसीलों—फतेहपुर, खागा और बिंदकी में से एक बिंदकी भी प्राचीन नगरी बताई जाती है, जिसका नाम वेणुकी नामक राजा के नाम से निकला है। बिंदकी के निकट खजुहा मुगलकालीन ऐतिहासिक धरोहरों के लिए विख्यात है और पर्यटन-स्थल के रूप में विकसित है। खजुहा के सन्निकट 'बावनी इमली' नामक शहीद-स्थल है, जिसे शहीदों का तीर्थ माना जाता है। फतेहपुर से पूर्व-दक्षिण में हसवा नामक ऐतिहासिक नगर है, जिसे हंसध्वज नामक राजा द्वारा बसाई गई राजधानी की प्रसिद्धि प्राप्त है। अकबर के समय इसी हसवा नाम को फतेहपुर के साथ जोड़ा गया था, जिससे फतेहपुर की अलग पहचान स्थापित हो सके और ऐसा हुआ भी। आज भी पुराने लोग 'फतेहपुर' को 'फतेहपुर-हसवा' के नाम से ही संबोधित करते हैं। हसवा में भी अनेक दर्शनीय धरोहरें हैं।

कहने का आशय यह है कि फतेहपुर जनपद की चप्पे-चप्पे की धरती ऐतिहासिक, पौराणिक, पुरातात्विक आदि दृष्टियों से महत्त्वपूर्ण है और 'कण-कण चंदन' की महत्ता रखती है। फतेहपुर जनपद भारत ही नहीं, संसार के दो महत्त्वपूर्ण नगरों के बीच स्थित है—पहला, इलाहाबाद, जिसे प्राचीनकाल में धर्मनगरी 'प्रयाग' के नाम से भी जाना जाता रहा है, और अब इसे 'प्रयागराज' नाम दे दिया गया है, जिसका धार्मिक महत्त्व आज भी ज्यों का त्यों है; तथा दूसरा उत्तर प्रदेश का ही नहीं, भारत का सबसे पुराना औद्योगिक नगर कानपुर। फतेहपुर इन दोनों नगरों से रेल और सड़कमार्ग से अच्छी तरह जुड़ा हुआ है। प्रयागराज से फतेहपुर की दूरी लगभग 120 किलोमीटर, तो कानपुर की दूरी लगभग 80 किलोमीटर है। फतेहपुर के उत्तर में रायबरेली नगर लगभग 70 किलोमीटर की दूरी पर और दक्षिण में बाँदा नगर की दूरी लगभग 80 किलोमीटर है। उत्तर प्रदेश की राजधानी लखनऊ की दूरी फतेहपुर जनपद के मुख्यालय से 125 किलोमीटर के आस-पास है। फतेहपुर जिले की सीमाएँ उत्तर में उन्नाव, रायबरेली और प्रतापगढ़ जनपदों से, दक्षिण में हमीरपुर, बाँदा और चित्रकूट जनपदों से, पूर्व में कौशांबी जनपद से तथा पश्चिम में कानपुर नगर जनपद से मिलती हैं।

वैदिक युग की अंतर्वेदीय अथवा अंतर्देशीय संस्कृति के प्रस्थानबिंदु से चलते हुए संस्कृति का नामकरण कब 'मध्यदेशीय' हो गया, यह अनुसंधान का विषय है। परंतु,

यह निश्चित तौर पर कहा जा सकता है कि यह पौराणिक-ऐतिहासिक क्षेत्र विभिन्न संस्कृतियों का केंद्र रहा है और आज भी अनेकता में एकता बनाए हुए स्पंदित हो रहा है। वर्तमान में फतेहपुर जिले के गंगातटीय क्षेत्र 'बैसवारी-अवधी', यमुनातटीय क्षेत्र 'बुंदेली-बघेली', पूर्वी क्षेत्र 'प्रयागवर्ती', पश्चिमी क्षेत्र 'कन्नौजी' और मध्यवर्ती क्षेत्र 'विशिष्ट अंतर्वेदीय' संस्कृतियों की छटाओं-आभाओं से अनुप्राणित-स्पंदित हैं। इस अद्वितीय जनपद में बहुत पहले से चले आ रहे पारंपरिक गायन (कजरी, चैती, दादरा, झूला, भजन, शास्त्रीय संगीत) आज भी विद्यमान हैं। जनपद की सामाजिक कलाओं के कई रूप (रामलीला-मंचन, श्रीरामकथा-श्रीमद्‌भागवतकथावाचन, नौटंकी, नटका आदि) आज भी जीवित हैं। अपने भक्ति-कृत्यों के लिए प्रसिद्ध रहे जिले के संगीतज्ञों ने जिन रूपों में संगीत की सेवा की है, वर्तमान में भी उनके रूप दुर्लभ वाद्य सारंगी बजाते हुए दीख जाते हैं।

फतेहपुर जनपद के गंगा और यमुना दोनों के ही प्रवाह-क्षेत्र के तटों पर अन्य अनेकानेक घाट और गाँव हैं, जो पौराणिक और ऐतिहासिक महत्त्व रखते हैं, किंतु उनके बारे में अभी भी बहुत कुछ खोजा जाना शेष है।

इसीलिए तो, ऋषियों-मुनियों, तपस्वियों, बलिदानियों, शहीदों, स्वतंत्रता सेनानियों, विद्वानों, शिक्षाविदों, कविर्मनीषियों, साहित्यकारों, पत्रकारों, बुद्धिजीवियों, राजनीतिज्ञों, किसानों, श्रमजीवियों, व्यापारियों, उद्योगपतियों, चित्रकारों, शिल्पकारों आदि से सजी यह धरती अतुलनीय है।

मुझे अपनी गौरवशाली मातृभूमि के इतिहास, संस्कृति और अन्य पक्षों को समाहित करते हुए एक पुस्तक के लेखन का उत्तरदायित्व निभाने की सूचना परमादरणीय डॉ. सूर्यप्रसाद दीक्षित जी मिली। ध्यातव्य है कि संस्कृति विभाग, उ.प्र. द्वारा स्वतंत्रता प्राप्ति में उत्तर प्रदेश के सभी 75 जनपदों के महानायकों और स्वतंत्रता सेनानियों की भूमिकाओं को निर्धारित करते हुए समस्त जनपदों के इतिहास के लेखन का कार्य अलग-अलग करवाए जाने का निर्णय लिया गया है, जिसमें जनपद के सामान्य भौगोलिक, ऐतिहासिक, सांस्कृतिक आदि धरातलों पर परिचय के साथ ही जनपद द्वारा स्वतंत्रता-आंदोलन में निभाई गई भूमिका का विशिष्ट उल्लेख किया जाना है। इतने कम समय में इतने बड़े और महत्त्वपूर्ण कार्य को निर्धारित अवधि में पूरा कर पाना अत्यंत चुनौतीपूर्ण था; ऐसे में यदि राममनोहर महाविद्यालय के प्राचार्य और हिंदी के लब्धप्रतिष्ठ विद्वान मित्रवर डॉ. गयाप्रसाद 'सनेही' ने सर्वेक्षक का, और पंजाब के फगवाड़ा में स्थित लवली प्रोफेशनल यूनिवर्सिटी के हिंदी के सहायक आचार्य प्रियवर डॉ. बृजेंद्र अग्निहोत्री ने शोधकर्ता का दायित्व न स्वीकार किया होता, तो अकेले मेरे लिए यह कार्य समय पर पूरा करना असंभव था। महाविद्यालय के अपने अनेक दायित्वों के साथ-साथ यह गुरुतर कार्य असंभव-सा प्रतीत हुआ, फिर भी, प्रभु का स्मरण करते हुए अन्य लेखकीय

गतिविधियों को बीच में छोड़कर प्राण-पण से इस कार्य के प्रति पूर्णतः समर्पित होकर लग गया, तो अंततः समापन तक पहुँच ही गया। इस भूमिका में दिए गए तथ्यों का विस्तार पुस्तक के आठों अध्यायों में किया गया है और चित्रावली के चित्रों द्वारा उनकी पुष्टि की गई है।

इस महत्त्वपूर्ण ग्रंथ के लेखन में जिन आधारग्रंथों की सहायता ली गई है, उनकी सूची इस पुस्तक के अंत में दी गई है। लेखन हेतु इतना अल्प समय दिया गया है कि पर्याप्त सर्वेक्षण और शोध संभव नहीं हो सका है, जिसके कारण अनेक तथ्यों के संदर्भ आधारग्रंथों से लिए गए हैं, इसलिए उनकी प्रामाणिकता का दावा मैं या मेरे सहयोगी (सर्वेक्षक और शोधकर्ता) नहीं कर सकते। यह अवश्य है कि हमारी पूरी कोशिश रही है कि तथ्यों की सत्यता पर सवाल न उठें। मैं अपने दोनों सहयोगियों के साथ उन सभी आधारग्रंथों के लेखकों/प्रधान संपादकों/संपादकों के प्रति कृतज्ञता ज्ञापित करते हुए हार्दिक आभार प्रकट करता हूँ। अपनी सहधर्मिणी के सहयोग को शब्दों में प्रकट कर पाना असंभव है। मैं गुरुतुल्य डॉ. सूर्यप्रसाद दीक्षित जी के प्रति श्रद्धावनत होकर आभार जताता हूँ। संस्कृति विभाग, उ.प्र., श्री आलोक पराड़कर और श्रीमती शैलजा पाठक के प्रति भी मैं धन्यवाद ज्ञापित करता हूँ। पुस्तक को यह स्वरूप प्रदान करने में मुझे जो सहयोग डॉ. गयाप्रसाद 'सनेही' और डॉ. बृजेंद्र अग्निहोत्री का मिला है, उसके लिए मैं उन्हें हार्दिक आभार देता हूँ। उमा आर्ट प्रेस के स्वामी श्री मनस्वी तिवारी और उनके सहयोगी श्री कृष्णचंद्र प्रजापति को भी पोथी के टंकण में दी गई सहायता हेतु अनेकशः धन्यवाद प्रेषित करता हूँ।

अंत में, आज (09 अगस्त 2022 को) 'भारत छोड़ो आंदोलन' ('अगस्त-क्रांति') की अस्सीवीं वर्षगाँठ के अविस्मरणीय क्षणों में, 'आज़ादी का अमृत महोत्सव' के अंतर्गत आसन्न 15 अगस्त को गौरवशाली स्वतंत्रता के 75 स्वर्णिम वर्ष पूर्ण होने के महनीय शुभावसर पर, अपनी प्यारी भारतमाता को सादर दंडवत प्रणाम के साथ इसके समस्त अमर बलिदानी सपूतों के पुण्य-स्मरण सहित उन्हें सादर-विनम्र श्रद्धांजलि अर्पित करते हुए समस्त स्वतंत्रता सेनानियों को सादर नमन तथा सभी देशवासियों को हार्दिक बधाई-शुभकामनाएँ निवेदित करता हूँ।

जय हिंद! जय भारत!

अश्विनीकुमार शुक्ल
श्रावण, शुक्ल पक्ष, द्वादशी
09 अगस्त 2022, मंगलवार
(अगस्त-क्रांति दिवस)

अनुक्रम

प्रथम अध्याय

फतेहपुर जनपद का महत्त्व

गौरवशाली अतीत, आशापूर्ण वर्तमान और सुनहरा भविष्य लिए फतेहपुर जिला उत्तरी भारत के उत्तर प्रदेश राज्य के 75 जिलों में से एक है। जिले में प्राचीन अंतर्वेद/अंतर्देश/मध्यदेश का 4,152 वर्ग किलोमीटर का क्षेत्र शामिल है। वर्ष 2011 ई. की जनगणना के अनुसार फतेहपुर जिले की जनसंख्या 26,32,733 है, जिसमें 13,84,722 पुरुष और 12,48,011 महिलाएँ हैं।

फतेहपुर जनपद को तीन सब-डिवीजनों अर्थात् तहसीलों में विभक्त किया गया है, जिनके नाम फतेहपुर, बिंदकी और खागा हैं। इन तीनों तहसीलों को आगे 13 विकास-खंडों में विभाजित किया गया है—असोथर, तेलियानी, बहुआ, भिटौरा और हसवा (फतेहपुर तहसील); अमौली, खजुहा, देवमई और मलवाँ (बिंदकी तहसील); ऐरायाँ, धाता, विजयीपुर और हथगाम (खागा तहसील)। फतेहपुर जनपद में 20 पुलिस थाने है असोथर, कोतवाली (सदर) फतेहपुर, गाजीपुर, थरियाँव, ललौली, हुसेनगंज (फतेहपुर तहसील); औंग, कल्याणपुर, कोतवाली बिंदकी, चाँदपुर, जहानाबाद, जाफरगंज, बकेवर और मलवाँ (बिंदकी तहसील); किशनपुर, कोतवाली खागा, खखरेरू, धाता, सुलतानपुर घोष और हथगाम (खागा तहसील)।

जनपद फतेहपुर भगवान शिव की जटाओं में निवास करने वाली भागीरथी गंगा के दक्षिण; भगवान श्रीकृष्ण की क्रीड़ास्मृतिधारिणी कालिंदी अर्थात् यमुना के उत्तर; महाभारतकालीन पाँचो पांडवों की वीरोचित स्मृति को हृदय में सँजोए पांडु नदी के पूर्व एवं तथागत भगवान गौतम बुद्ध की अहिंसा-प्रेम से आप्लावित छवि का स्मरण कराती पावनभूमि कौशांबी जनपद की सीमा के पश्चिम में स्थित है। यह जनपद उत्तर प्रदेश राज्य का छोटा, किंतु महत्त्वपूर्ण जनपद है। फतेहपुर जनपद में स्थित अनेक स्थलों का उल्लेख पुराणों में भी मिलता है, जिनमें गंगातट पर स्थित भिटौरा और असनी के घाट तथा यमुनातट से कुछ दूर स्थित असोथर प्रमुख हैं। भिटौरा भृगु ऋषि की तपोस्थली के रूप में और असोथर महाभारतकालीन प्रख्यात योद्धा अश्वत्थामा की नगरी के रूप में प्रसिद्ध है।

भारत देश का यह भू-भाग समय-समय पर दिल्ली और अवध की सल्तनत के साथ भिन्न-भिन्न शासकों के आधिपत्य में आता-जाता रहा है। वर्तमान समय का भू-भाग ईस्ट

इंडिया कंपनी के बढ़ते साम्राज्यवाद के प्रभाव से 1801 ई. के 10 नवंबर के समझौते के अनुसार कंपनी के हाथों आया और इस भूखंड का सर्वेक्षण कराने के लिए जलमार्ग की सुविधा को देखते हुए सन् 1814 में जिला मुख्यालय भिटौरा में निर्मित हुआ। 1826 ई. में इस भूखंड को जिले का दर्जा प्राप्त हुआ।

इस जनपद की अपनी एक पृथक भाषा है, जिसे पश्चिमी-अवधी या फतेहपुरी अवधी कह सकते हैं। जनपद की उत्तरी सीमा गंगा नदी बनाती है, जिसके उस पार उत्तर पश्चिम में उन्नाव, मध्योत्तर में जनपद रायबरेली तथा उत्तर पूर्व में जनपद प्रतापगढ़ स्थित है। उन्नाव तथा रायबरेली जनपदों में एक विशेष प्रकार की अवधी बोली जाती है, जिसे बैसवारी कहते हैं। जनपद की पूर्वी-उत्तरी पट्टी (गंगा नदी से 05 या 06 किलोमीटर दक्षिण) के गाँवों की बोली बैसवारी से प्रभावित है। उत्तर पश्चिम में यह लहँगी, शिवराजपुर, कोटिया, देवमयी, आदमपुर, असनी, भिटौरा तथा जमरावाँ क्षेत्र तक बोली जाती है। परंतु, यह शुद्ध बैसवारी नहीं है; यहाँ वह फतेहपुरी बैसवारी का तेवर आत्मसात् किए हुए दिखती है। बैसवारी के ककस (कैसे), तिनिकु (तनिक), मुला (किंतु, परंतु) आदि शब्द स्थानीय संसर्ग के कारण पश्चिमोत्तरी फतेहपुरी में स्थान प्राप्त कर चुके हैं।

फतेहपुर की सामाजिक संरचना मिश्रित है। विभिन्न धर्मावलंबी, वर्ण, जाति और पंथ के अनुयायी यहाँ की आबादी के अंग हैं, जिनमें हिंदू, मुसलान, जैन, बौद्ध, सिख, ईसाई और किन्नर (हिजड़े या जनखे) प्रमुख हैं। इन सभी के जातक संस्कार एक जैसे होते हैं। हिंदू ब्राह्मणों में ऋग्वेद के अनुसार सोलह जातक संस्कारों का प्रचलन है—1. गर्भाधान, 2. पुंसवन (पंचवासा), 3. सीमांत (नाल उच्छेदन), 4. जात कर्म, 5. षष्ठी (छठी), 6. नामकरण, 7. निष्क्रमण (घर से बाहर निकलना), 8. कर्ण-बेधन (छेदन), 9. अन्नप्राशन (पसनी), 10. चूड़ा कर्म (मुंडन), 11. विद्यारंभ, 12. उपनयन, 13. वेदारंभ, 14. समावर्तन (वेद की तीसरी वेदी के हवन के पश्चात् गृहस्थ में प्रवेश), 15. वानप्रस्थ, 16. अंत्येष्टि। मुसलमान और ईसाई अंत्येष्टि में कब्रिस्तानों में जमीन खोदकर शवों को दफनाते हैं तथा शेष सभी हिंदू, जैन, बौद्ध एवं सिख श्मशानों में अपने शवों का सनातन परंपरा के अनुसार चितादाह या जल-प्रवाह करते हैं। 'अन्नप्राशन' संस्कार फतेहपुर की सांस्कृतिक परंपरा का विशेष अंग है। अन्यत्र इसे इतने व्यापक रूप से नहीं संपन्न किया जाता है। विद्यारंभ, उपनयन, वेदारंभ तथा समावर्तन केवल हिंदू ब्राह्मणों में होना पाया जाता है, शेष जातियों में नहीं। किन्नर (जनखे) वर्ग में अंत्येष्टि अलग और विभिन्न प्रकार से होती है। किन्नरों की अपनी कोई अलग धार्मिक मान्यताएँ नहीं है। यह सभी धर्मों और जातियों में पैदा हुए उन जातकों का समूह है, जो नपुंसकलिंगी होते हैं। ये अपने शवों का श्रृंगार करके उसे खड़ी अवस्था में भीड़ के बीचो-बीच रखकर घसीटते हुए गाते-बजाते अपने कब्रिस्तान तक ले जाते हैं और गहरा गड्ढा खोदकर अर्धरात्रि में खड़ी अवस्था में ही गाड़ देते हैं। इनकी शवयात्रा इतने गोपनीय ढंग से होती है कि कोई देख और समझ नहीं पाता है।

तात्पर्य यह है कि वेदों-पुराणों के युग से लेकर समकालीन युग तक गंगा-यमुना के बीच स्थित फतेहपुर की पवित्र, हरी-भरी, संघर्षों की गाथा से संपृक्त, अत्यंत उर्वर और शस्य-श्यामला धरती भारत के गौरव को सदैव बढ़ाती आई है और आगे भी ऐसा ही करती रहेगी।

भौगोलिक स्थिति : अक्षांश-देशांतर सहित

प्रयागराज (इलाहाबाद) मंडल में शामिल यह जिला गंगा-यमुना दोआब के पूर्वी या निचले हिस्से में स्थित है और अक्षांश 25^{0}26’ छ एवं 26^{0}16’ छ और देशांतर 80^{0}14’ E एवं 81^{0}20’ E के बीच स्थित है। यह उत्तर-पश्चिम में कानपुर नगर और दक्षिण-पूर्व में जिला कौशांबी से घिरा है। गंगा के पार उत्तर में उन्नाव, रायबरेली जिले और थोड़ी दूर तक प्रतापगढ़ जिला पड़ता है, जबकि दक्षिण में यमुना नदी इसे चित्रकूट, बाँदा और हमीरपुर जिलों से अलग करती है। आकार में यह लगभग आयताकार है।

भूगर्भिक रूप से जिला का गठन उप-हालिया द्वारा हालिया चट्टानों से किया जाता है, जो साधारण गंगा नदी के पौधों से मिलती हैं। फतेहपुर आर्थिक रूप से खनिज के उत्पादन में समृद्ध नहीं है। हालाँकि, गंगा और यमुना के किनारे से रेत (बालू) की निर्माण-सामग्री, ईंट निर्माण के लिए उपयुक्त मिट्टी की उपलब्धता आदि की गणना खनिज संसाधन के अंतर्गत की जा सकती है।

फतेहपुर में नवंबर से फरवरी के बीच से ठंड का मौसम, मार्च से लेकर जून के मध्य तक गर्म मौसम और मध्य जून से सितंबर-अक्टूबर के अंत तक की अवधि दक्षिण-पश्चिम मानसून (वर्षा) के मौसम की होती है। यहाँ वर्षा के रिकॉर्ड तीन स्थानों फतेहपुर, खजुहा और खागा के लिए पर्याप्त लंबी अवधि के लिए उपलब्ध हैं। जिले में औसत वार्षिक वर्षा 906.2 मिलीमीटर (35.68”) होती है। यह फतेहपुर में 870.3 मिलीमीटर (34.26”) से लेकर खागा में 926.8 मिलीमीटर (36.4 9”) तक होती है। सबसे ज्यादा वर्षा सन् 1915 ई. में हुई थी, जो कि सामान्य से 168% अधिक हुई थी और सबसे कम वर्षा सन 1918 ई. में, जो कि सामान्य से 60% कम हुई थी। यहाँ का अधिकतम तापमान 45-48 डिग्री सेल्सियस (मई और जून महीने में) और न्यूनतम तापमान 3.0-8.6 डिग्री सेल्सियस (दिसंबर और जनवरी महीने में) रहता है।

जनसंख्या

2011 की जनगणना के अनुसार जिले की जनसंख्या 2632733 है, जिसमें 1248011 महिलाएँ एवं 1384722 पुरुष हैं। फतेहपुर जिले में साक्षर लोगों की कुल संख्या 15,12,166 हैं, जिनमें से 9,11,003 पुरुष हैं और शेष 6,01,163 महिलाएँ हैं। फतेहपुर जिले में रहने वाले लोग कई प्रकार की आजीविकाओं और कौशल पर निर्भर हैं। इस जनपद में कुल श्रमिक 10,63,929 हैं, जिनमें से 7,13,736 पुरुष और 3,50,193

महिलाएँ हैं। कुल 2,64,317 कृषक हैं, जो मुख्यतः कृषि पर निर्भर हैं और इनमें से 2,17,171 पुरुषों और 47,146 महिलाओं द्वारा खेती की जाती है। कृषि भूमि में श्रमिक के रूप में कार्यरत 2,04,936 लोगों में से 1,44,043 पुरुष और शेष 60,893 महिलाएँ हैं। लिंगानुपात की दृष्टि से, फतेहपुर जिले में, प्रति 1000 पुरुषों पर 901 महिलाएँ हैं। फतेहपुर जिले में अगली जनगणना 2022-2023 में होने की संभावना है। जनपद के 'आधार' पहचानपत्रों की संख्या पर आधारित एक अनुमान के हिसाब से फतेहपुर जिले की वर्तमान जनसंख्या (सन् 2022 में) 29,70,543 है।

क्षेत्रफल

फतेहपुर जिले का क्षेत्रफल 4,06,499 वर्ग किलोमीटर है। गंगा और यमुना, उत्तर और दक्षिण में जिले की सीमा, अपनी सहायक नदियों के साथ जिले की स्थलाकृति बनाने में महत्त्वपूर्ण भूमिका निभाती हैं। जनपद की सबसे अधिक ऊँचाई (जनपद कानपुर नगर से सटी) पश्चिमी सीमा के निकट 121.36 मीटर है और (कौशांबी जनपद से सटी) पूर्वी सीमा के पास सबसे कम 105.15 मीटर है। मध्यवर्ती स्तर में औंग में 119.48, मलवाँ में 117.65, फतेहपुर में 111.25, थरियाँव में 107.29 और कटोघन में 105.77 मीटर है।

इतिहास

उत्तर प्रदेश को भारतवर्ष का हृदय कहा जाता है और इस हृदय का भी हृदय-क्षेत्र है गंगा एवं यमुना द्वारा सतत् सिंचित दोआबा क्षेत्र। फतेहपुर जनपद इसी दोआबा क्षेत्र का प्रमुख हिस्सा है। जिन लोगों ने सर एडमंड हिलेरी के यात्रा-संस्मरण पढ़े होंगे, उन्हें पता होगा कि उन्होंने सागर से गंगोत्री तक की अपनी संपूर्ण गंगा-यात्रा के दौरान सबसे अधिक चित्रात्मक क्षेत्र प्रयाग और कानपुर के बीच का पाया है अर्थात् समूचा फतेहपुर जनपद उन्हें प्रकृति का अनुपम उपहार प्रतीत हुआ है। प्राकृतिक सौंदर्य जब मनुष्य की आत्मा में रच-बस जाता है, तभी कला की सृष्टि होती है और फिर वह प्रकृति की अनुकृति नहीं उसकी पूरक होती है।

ब्रिटिश उपनिवेशवादी गुलामी के कालखंड में 10 नवंबर 1826 ई. को जनपद के स्वरूप में अपनी पहचान पाने वाले फतेहपुर की सांस्कृतिक विविधता आज भी बहुवर्णी रूपों में विद्यमान है। फतेहपुर दो पवित्र नदियों उत्तर में गंगा व दक्षिण में यमुनों तथा पश्चिम में पांडु नदी से घिरा हुआ है, तो पूर्व में संप्रति कौशांबी जनपद की सीमा से लगा हुआ है। दक्षिण में बुंदेलखंड और उत्तर में अवध, पश्चिम में कन्नौजी का क्षेत्र तथा पूर्व में प्रयागराज की विभिन्न संस्कृतियों का संगम-बिंदु होने के कारण इन सभी संस्कृतियों से प्रभावित है। यही कारण है कि यहाँ की बोली-भाषा विशुद्ध एकायामी न होकर विविध भाषा और बोलियों को अपने में समेटती है और इन संस्कृतियों के मूल्यों को अपने में रचाए-बसाए हुए है।

समय-समय पर हुए राजनीतिक घटनाक्रमों एवं उलट-फेरों में फतेहपुर जनपद के लोग कभी भी तटस्थ और असंपृक्त नहीं रहे। यह जनपद अपनी सक्रिय और जागरूक भूमिका से इतिहास की सृष्टि करता रहा है। मुगलकाल में मीर बाकी द्वारा राममंदिर को ध्वस्तकर बाबरी मस्जिद का निर्माण करा दिए जाने के विरोध में रानी जयराज कुँवारी के सेनापतित्व में बीस रामभक्त रणबाँकुरों ने अपना बलिदान दिया था। वे बीसों शहीद इसी फतेहपुर के थे। सन् 1857 के स्वाधीनता संग्राम में ठाकुर दरियाव सिंह के नेतृत्व में उनके पुत्र-भाई और परिजनों के साथ पं. गयादीन दुबे (कोराईं), ठाकुर शिवदयाल सिंह रघुवंशी (जमरावाँ) एवं ठाकुर जोधासिंह 'अटैया' (सन् 1858) के नेतृत्व में छापामार गुरिल्ला युद्ध में पं. भवानीप्रसाद पांडेय तथा पं. सुखानीप्रसाद पांडेय, सकठू तेली, मोलइया चमार, भिन्ना अहीर, भिखारी भुँजवा, परागीलाल दुबे, भोला पासी, रमोला मल्लाह, पंचम नउवा (गंगा तटीय सर्वेक्षण) आदि ने अपने प्राणों की आहुति देकर स्वतंत्रता के महल की नींव रखी थी।

दो पवित्र नदियों गंगा और यमुना के बीच स्थित होने के कारण इस जनपद का परिक्षेत्र ऋषियों-मुनियों की सघन साधना एवं तपस्या का पुण्यफल सदैव से प्राप्त करता रहा है, इसीलिए यहाँ सांस्कृतिक स्थिति अन्य स्थानों से भिन्न और कुछ विशेष तरह की है। पौराणिक ग्रंथों के साक्ष्य एवं जनश्रुतियों से पुष्ट यहाँ के ग्रामों के नामकरण अतीत के समृद्ध सांस्कृतिक इतिहास के पन्ने हमारे सामने उपस्थित करते हैं और अनेक ऐसे गवाक्ष हमारे समक्ष खोलते हैं, जिनमें विचरण करना आज भी शेष है।

फतेहपुर जनपद सभी धर्मों एवं पंथों के उपासना-स्थलों से समृद्ध है। हिंदुओं के मंदिर, मुसलमानों की मस्जिदें-मजारें, ईसाइयों के गिरजाघर (चर्च), जैनियों का एकमात्र श्वेतांबरी मंदिर (रेलवे स्टेशन के उत्तर), बौद्धों का अकेला मठ और आर्यसमाज मंदिरों की उपस्थिति यह साक्ष्य देते हैं कि यहाँ की संस्कृति आपसी सौहार्द को मजबूती से बनाए हुए है। यहाँ कभी किसी प्रकार का सांप्रदायिक विरोध या आपराधिक विवाद नहीं हुआ। फतेहपुर में बौद्धों का एक अकेला मठ, मुख्यालय से 25 किलोमीटर दक्षिण दिशा में (गाजीपुर से 5-7 किलोमीटर आगे दक्षिण में) स्थित ग्राम सांखा में है, जो गौतम बुद्ध पर आस्था और उनकी उपासना एवं आदर्शों का केंद्र है। जिला मुख्यालय फतेहपुर में एकमात्र सिंधी परिवार भी है, जिसकी आस्था झूलेलाल में है और वह उनकी उपासना एवं आदर्शों पर विश्वास करता है। फतेहपुर का जनमानस अति संवेदनशील है। सांप्रदायिक वैमनस्य से इतर वैयक्तिक स्तर पर जब सहनशक्ति खंडित होने की सीमा लाँघ जाती है, तो वे आक्रोश के वशीभूत नृशंस हत्याएँ भी बिना सोचे-समझे कर डालते हैं। आक्रोश पर नियंत्रण न होने के कारण आपराधिक कर्मों में फँसकर प्रगति से दूर होता यह वर्ग अपने बच्चों के भविष्य को नहीं सँवार पाता, फलतः यह वृत्ति पीढ़ियों से विनाशलीला और बर्बादी करती चली आ रही है।

नामकरण

अकबर के समय में यह इलाका कड़ा और कोड़ा के दो भागों में बँट गया था। कड़ा क्षेत्र में फतेहपुर, कोतला, हथगाँव (हथगाम), अयाह-शाह, हसवा, ऐझी-कोटवा और कोड़ा क्षेत्र में कोटिया गुनीर, कीरतपुर, कराड़ा परगना थे। सन् 1789 में धाता तथा कड़ा को भी परगना का दर्जा दिया गया। 1814 ई. में पहली बार इलाहाबाद और कानपुर के बीच के इस क्षेत्र को अलग परगना के रूप में मान्यता दी गई और इसका मुख्यालय गंगा के किनारे स्थित 'भिटौरा' नामक ग्राम को बनाया गया तथा वहाँ पर ज्वांइट मजेस्ट्रेटी की स्थापना की गई। 11 साल तक मुख्यालय भिटौरा बना रहा। 1814 ई. से ज्वाइंट मजिस्ट्रेट भिटौरा के अंतर्गत तत्कालीन कानपुर जिले के चार थानेंबिंदकी, अमौली, खजुहा और कोड़ा तथा उसी कालखंड के इलाहाबाद जिले के छह थानें फतेहपुर, हसवा, गाजीपुर, कड़ा, हथगाँव, एकडला थे। बाद में प्रशासनिक असुविधाओं को देखते हुए सन् 1826 ई. में ज्वाइंट मजिस्ट्रेट का मुख्यालय भिटौरा से हटाकर फतेहपुर नगर कर दिया गया। सन् 1826 ई. को तत्कालीन कानुपर और इलाहाबाद जनपदों में शामिल कड़ा और कोड़ा परगनों को 13 हिस्सों में विभाजित करके इस क्षेत्र को 'फतेहपुर' का नाम दिया गया। इस तरह इस जिले का पूर्ण उद्भव तत्कालीन गर्वनर जनरल एमहर्स्ट के समय में सन् 1826 ई. में हुआ और तब से उसी रूप में आज तक जाना जा रहा है। कहा जाता है कि पहले फतेहपुर को विजयनगर नाम से जाना जाता था। एक मान्यता यह भी है कि प्रथम स्वाधीनता-संग्राम में अमर बलिदानी वीरांगना लक्ष्मीबाई की सहायता करने वाले बाबू फतेहचंद के नाम पर फतेहपुर नाम पड़ा है। अन्य मान्यताओं के अनुसार फतेहपुर का नाम अठगढ़िया राजा सत्यानंद पर जौनपुर के इब्राहिम शर्की की जीत (फतेह) के कारण पड़ा। लेकिन एक अन्य मान्यता के अनुसार फतेहपुर नाम बंगाल के सूबेदार जलालुद्दीन की जीत (फतेह) का नतीज़ा है। यह मत पूरी तरह से जनश्रुति पर आधारित है और विजेता का नाम कभी-कभी बंगाल के शासक जलालुद्दीन के रूप में लिया जाता है। नाम की एक और व्युत्पत्ति फतेहमंद खाँ से की जाती है, जिसने शहर की स्थापना की थी। यह मान्यता तहसील खागा के डेड़ासही नामक गाँव में पाए गए एक खंडित शिलालेख पर आधारित है, जिसके लिए सुलतान अलाउद्दीन के एक अधिकारी फतेहमंद खाँ ने सन् 1519 ई. में इस संबंध में उससे एक आदेश प्राप्त किया था। हालाँकि यहाँ इस बात पर विश्वास करने में एक कठिनाई इस तथ्य के कारण है कि 1519 ई. में अलाउद्दीन नाम का कोई राजा नही था और तारीख सही होने पर सुलतान का शीर्षक गलत होना। यह भी कि डेंड़ासही फतेहपुर से लगभग 48 किलोमीटर से कम दूर नही है, ऐसे में फतेहपुर शहर के संस्थापक के नाम के साथ वहाँ पाए गए अभिलेख को जोड़ने के लिए बहुत दूर की कौड़ी प्रतीत होती है। अतः नामकरण के बारे में स्पष्टतः कुछ भी नहीं कहा जा

सकता है। नाम कैसे भी पड़ा हो, यह जिला आज भी अपनी पहचान बनाए हुए है तथा फतेहपुर (सीकरी), फतेहपुर (राजस्थान), फतेहपुर (बाराबंकी), फतेहपुर (बिहार) के बीच अस्तित्व को अलग रखने की कोशिश कर रहा है। यह तो निश्चित ही है कि जिले का नाम मुख्यालय फतेहपुर के नाम पर रखा गया है।

पौराणिक/ऐतिहासिक/सांस्कृतिक पृष्ठभूमि

विश्व की दो प्राचीन और पौराणिक परंपराओं में उल्लिखित नदियों में पतित पावनी गंगा और धर्मराज यमराज की बहिन के रूप में विख्यात यमुना के मध्य 'दोआबा' में बसे इस जनपद का पौराणिक इतिहास काफी समृद्ध रहा है। पौराणिक ग्रंथों में भू-भाग को 'अंतर्वेद' या 'अंतर्देश' या 'मध्यदेश' के नाम से जाना जाता रहा है। गंगा अपने उद्गम-स्थल के बाद से उत्तर से दक्षिण को प्रवाहित होती हुईं लंबी दूरी तय करने के बाद कानपुर नगर की सीमा के बाद फतेहपुर जनपद में प्रविष्ट होती हैं और पहली बार लगभग पाँच किलोमीटर तक जनपद को छूती हुईं दक्षिण से उत्तर की ओर बहती हैं। गंगा के इस उत्तरवाहिनी प्रवाह का महत्त्व पौराणिककाल में भी इसी कारण से बहुत अधिक है। अंतर्वेद तथा मध्यदेश के नाम से विख्यात यह जनपद आज फतेहपुर के नाम से जाना जाता है, जो वैदिककाल में उन्नत सभ्यता के अनेक अवशेषों से आज भी समृद्ध है। यहाँ की धरती में गड़े हुए ये अवशेष उजागर होने की बाट जोह रहे हैं। हिंदू धर्मग्रंथों में वर्णित त्रिमूर्ति ब्रह्मा, विष्णु, महेश की परीक्षा लेने वाले महर्षि भृगु की तपस्थली मुख्यालय से मात्र 12 किलोमीटर उत्तर में भिटौरा ग्राम में स्थित थी। प्रारंभ में भिटौरा को भृगुठौरा के नाम से जाना जाता था, पर हिंदी के बदलते उद्‌बोधन से आज भिटौरा के नाम से जाना जाता है। पुण्यसलिला गंगा नदी के ही तट पर स्थित ग्राम 'असनी' आयुर्वेद के जनक अश्विनीकुमारों की जन्मभूमि मानी जाती है। अनेक शोधकार्य यहीं पर किए गए हैं। सतयुग की एक अन्य महत्त्वपूर्ण घटना में महासती वृंदा की समाधिस्थली होने का गौरव इस जनपद की उन्नत नगरी 'बिंदकी' को प्राप्त है। विश्व में प्राचीनतम तथा सर्वाधिक बड़े महाकाव्य महाभारत में वर्णित कथाक्रम के अनुसार राजा न होने के कारण पांडवों द्वारा गुरु-पुत्र अश्वत्थामा को युद्ध में भाग लेने के अयोग्य घोषित कर दिया गया। गुरु-पुत्र को महाभारत के युद्ध में दुर्योधन से अलग करने का व्यूह पांडवों द्वारा रचा गया। इस पर दुर्योधन ने गुरु द्रोणाचार्य के पुत्र अश्वत्थामा को असोथर राज्य का नरेश घोषित कर दिया। इस युद्ध में द्रोणाचार्य-पुत्र अश्वत्थामा ने किसी भी युद्ध की सीमाओं को तोड़ते हुए पहली और अंतिम बार ब्रह्मास्त्र का प्रयोग किया, जो अपने-आप मे पौराणिक युग की एक बड़ी घटना थी। अश्वत्थामा के नाम पर बसे नगर असोथर में आज भी अस्थमा (अश्वत्थामा) बाबा का मंदिर बना हुआ है, जो अनेक परंपराओं को आज भी जीवित रखकर उस पौराणिक इतिहास को जीवंत बनाता है।

फतेहपुर जनपद की अन्य महत्त्वपूर्ण बात इस जनपद का गंगा और जमुना के मैदानों में स्थित होना है। दुनिया की प्राचीन सभ्यताएँ, जो अधिक उन्नत थीं, कहीं न कहीं नदियों के किनारे ही पनपी थीं। यह क्षेत्र मध्य भारत की दो भिन्न संस्कृतियों से प्रभावित है। यमुना से लगा हुआ जनपद का दक्षिणी क्षेत्र बुंदेलखंड की संस्कृति से प्रभावित है, और गंगातटीय उत्तर का हिस्सा अवधी संस्कृति से। इन दोनों के मिलन से एक नई संस्कृति का जन्म हुआ, जो इस जनपद की विशेषता है। यदि ज्ञात इतिहास का अवलोकन करें, तो हमें जनपद में उत्तर पूर्वी छोर पर स्थित गंगातट नौबस्ता में जाना पड़ेगा। नौबस्ता से 1.5 किलोमीटर की दूरी पर स्थित बैगाँव टीलों से खुदाई के दौरान प्रागैतिहासिककाल के पत्थर से बने औजार मिले हैं, जो इस जनपद के इतिहास की पुख्ता नींव रखते हैं। इन औजारों में कुल्हाड़ियों के फलक, छीलने वाले, काटने वाले तथा अन्य औजार मिले हैं, जो पत्थरों के बने हैं। यह भी माना जाता है कि बैगाँव में महर्षि पाराशर का आश्रम था, जहाँ उनके पुत्र कृष्णद्वैपायन वेदव्यास भी रहे थे। उनके नाम पर ही उस स्थान का नाम व्यासगाँव पड़ा था, जो कालांतर में विकृत होकर बैगाँव रह गया। डॉ. हरिप्रसाद शुक्ल 'अकिंचन' : जय फतेहपुर, साहित्य भारती, भद्रवास, (भदबा), फतेहपुर (उ.प्र.), 2014

जनपद के रेंह गाँव में एक प्राचीन सभ्यता के अवशेष बिखरे पड़े हैं। इन अवशेषों को देखकर आस-पास की वैष्णव सभ्यता की यादें भी ताजा हो जाती हैं। बिंदकी तहसील से कुछ दूरी पर स्थित तेंदुली गाँव में गुप्तकालीन मंदिर आज भी मौजूद है, जो कानपुर देहात में स्थित भीतरगाँव के मंदिर से काफी मिलता-जुलता है। इसके अलावा कुरारी, धमना, सरहन बुजुर्ग, अजकी, भिटौरा आदि अनेक स्थानों पर मंदिर स्थित हैं, जिनके गुप्तकालीन होने का विश्वास किया जाता है। चंद्रगुप्त विक्रमादित्य (द्वितीय) के समय की स्वर्णमुद्राएँ बिजौली ग्राम में मिली हैं। असनी के प्राचीन किलारूपी खंडहर में इस्तेमाल की गईं ईंटे गुप्तकालीन इतिहास की सटीक जानकारी देती हैं। जनपद मुख्यालय से दक्षिण-पश्चिम से लगभग 35 किलोमीटर की दूरी पर यमुना किनारे ग्राम रेंह स्थित है। यह ग्राम किसी समय राजनीतिक गतिविधियों और स्थापत्य-कला की दृष्टि से अधिक महत्त्व का था। यहाँ से प्राप्त अवशेषों को देखकर यहाँ के महत्त्व का अनुमान सहज ही लग जाता है।

फतेहपुर की सांस्कृतिक विरासत अत्यंत समृद्ध, विरल और किंचित विशिष्ट है। पौराणिककाल से ही यहाँ का समाज समय-समय पर टूटता-बिखरता और ग्रहण-त्याग की सदाशयता दिखाता पुनर्निर्मित होता रहा है। मूल्यगत संक्रमण, अंतर्विरोध और बहुआयामी किंतु भिन्न-भिन्न दृष्टिकोण की उपस्थिति इसी का परिणाम हैं। यहाँ के अधिकांश समाज में तोष और रोष के बीच अद्‌भुत सामंजस्य दिखायी देता है। स्वस्थ सार्थक स्नेहिल संवाद कब उग्रता, आक्रामकता तथा नाक के सवाल पर बवाल में बदल

जाए, समझ से परे है। ध्यातव्य है कि यहाँ गाँव-गाँव में प्राचीनतम शिवमंदिरों की अक्षुण्ण परंपरा विद्यमान है। ऐसा प्रतीत होता है कि भगवान आशुतोष रुद्र यहाँ के प्रधान आराध्य देव हैं। रुद्र रोष और तोष के देवता हैं। 'क्षणे रुष्टा, क्षणे तुष्टा' इनकी मूल प्रकृति है। इनका त्रिनेत्र सजग रहता है। यही विशिष्टता इस भू-भाग की मूल सांस्कृतिक चेतना में दिखाई पड़ती है।

फतेहपुर जनपद की सांस्कृतिक पृष्ठभूमि पर विचार करना केवल जिले या जनपद की संस्कृति पर विचार करना नहीं है। यह संस्कृति की परंपरा और परंपरा की संस्कृति का बोध कराता है। यद्यपि फतेहपुर को जिला बने 196 वर्ष होने वाले हैं (क्योंकि 10 नवंबर 1826 को इसे जिले के रूप में मान्यता मिलने के क्रम में प्रत्येक वर्ष इसी तिथि को स्थापना-दिवस मनाया जाता है), लेकिन गंगा और यमुना के मध्य बसा यह भू-भाग प्राचीनकाल से ही अनेक धार्मिक, सामाजिक और सांस्कृतिक गतिविधियों का केंद्र रहा है। लोकभाषा में 'दोआबा' और शिष्ट भाषा में 'अंतर्वेद' के नाम से विख्यात फतेहपुर जनपद में संस्कृति को देखने-समझने के दोनों प्रतिरूपों का सम्मिलन दिखाई देता है। संस्कृति को समझने के दृष्टिकोण में एक है-वृक्ष प्रतिरूप और दूसरा नदी प्रतिरूप। प्रख्यात समाजशास्त्री श्यामाचरण दुबे ने 1996 में प्रकाशित अपनी अंतिम पुस्तक 'समय और संस्कृति' में इन दोनों प्रतिरूपों की चर्चा की है। उनके अनुसार, ''पहला दृष्टिकोण संस्कृति को वृक्ष के रूप में देखता है समान जड़ें, एक तना और अनेक शाखाएँ। ...दूसरा प्रतिरूप संस्कृति को एक बड़ी नदी के रूप में देखता है, जिसमें अनेक पृथक उद्गमों से आई धाराएँ मिलकर अंततः एक विशाल धारा-नदी का रूप लेती हैं।''

इसमें संदेह नहीं है कि प्राचीनकाल से अंतर्वेद के रूप मे विख्यात फतेहपुर जनपद के संस्कृति-वृक्ष की जड़ें बहुत गहरी हैं, लेकिन आधुनिककाल तक आते-आते यह भूखंड संस्कृति के नदी प्रतिरूप का आकार ग्रहण करने लगता है, जहाँ पृथक स्रोतों से आकर मिलने वाली धाराएँ एक नदी का रूप ले लेती हैं। यह जरूर है कि पृथक स्रोतों से आकर मिलने वाली धाराएँ अपनी प्रकृति, गुण और धर्म को त्यागे बिना एकाकार हो रही हैं। उनकी निजता सुरक्षित है, लेकिन सामाजिकता, सामूहिकता और सांस्कृतिक निर्मिति में उनका योगदान सुनिश्चित है।

यहाँ हिंदू भी हैं, मुसलमान भी हैं। हिंदुओं और मुसलमानों के अतिवादी विचारधारात्मक आग्रह भी कहीं-न-कहीं विद्यमान होंगे, लेकिन वे अंतर्धाराओं के रूप में ही अधिक हैं, बहिर्धाराओं के रूप में सामने नहीं आ पाते। बहिर्धारा तो गंगा-जमुनी तहजीब़ की है, जिसके सबसे जाज्वल्यमान प्रतीक गणेशशंकर विद्यार्थी थे, जो पड़ोसी जनपद कानपुर में हिंदू-मुस्लिम दंगों की आग बुझाते हुए शहीद हो गए। उनकी शहादत पर स्वयं राष्ट्रपिता महात्मा गाँधी को कहना पड़ा था कि ''गणेशशंकर की शहादत से मुझे ईर्ष्या होती है।''

फतेहपुर जनपद में अनेकता में एकता की संस्कृति सर्वत्र दिखाई देती है। बहुत सी सघन बस्तियाँ हैं, जहाँ एक ही धर्म-संप्रदाय के लोग रहते हैं, अपने तरीके से जीवन जीते हैं, अपनी सोच व अपने विचार रखते हैं, लेकिन किसी को किसी से परेशानी नहीं है। चाहे बड़ी सवारी निकले या मुहर्रम का जुलूस, चाहे तांबेश्वर बाबा के सान्निध्य में महाशिवरात्रि या सावन का सोमवार हो अथवा नासिरपीर बाबा का उर्स, सभी में सबकी भागीदारी का दुर्लभ संयोग यहाँ देखने को मिलता है। कोई किसी के लिए परेशानी का सबब नहीं है।

द्वितीय अध्याय

ब्रिटिश शासन से पूर्व जिले की स्थिति

ऐसा माना जाता है कि लगभग पचपन हजार वर्ष पहले आधुनिक मानव या होमो सेपियन्स भारतीय उपमहाद्वीप में विद्यमान थे। दक्षिण एशिया में मानव के प्राचीनतम अवशेष मिले हैं। मध्य भारत की भीम बैठका आदि गुफाएँ भारत में मानव जीवन का प्राचीनतम प्रमाण हैं। हजारों वर्ष पूर्व मनुष्य ने खेती करना, जानवरों को पालना तथा घरों का निर्माण करना शुरू कर दिया था, जिसके अवशेष मेहरगढ़ में मिले थे, जो वर्तमान में पाकिस्तान में है। यही अवशेष धीरे-धीरे सिंधु घाटी सभ्यता के रूप में चिह्नित हुए, जो दक्षिण एशिया ही नहीं, संसार की सबसे प्राचीन शहरी सभ्यता है। यह सभ्यता 2600 ई.पू. से 1900 ई.पू. के मध्य अपने चरम पर थी। यह मोहनजोदड़ो, हड़प्पा, ढोलावीरा, और कालीबंगा जैसे शहरों के आसपास केंद्रित थी और विभिन्न प्रकार की जीवनवृत्तियों पर निर्भर थी तथा यहाँ विस्तृत बाजार था एवं शिल्प उत्पादन भी होता था।

हिंदू धर्म से जुड़े प्राचीनतम धर्म ग्रंथ, वेदों का रचनाकाल सबसे पुराना माना जाता है और हिमालय से लेकर गंगा के ऊपरी मैदानी क्षेत्र को वैदिक संस्कृति के विकास का क्षेत्र माना जाता है।

वैदिक सभ्यता में ईसा पूर्व 6वीं शताब्दी में गंगा के मैदानी क्षेत्र तथा उत्तर-पश्चिम भारत में 16 कुलीन गणराज्य बने, जिन्हें महाजनपद के नाम से जाना जाता है। इसके बहुत बाद में बढ़ते शहरीकरण के बीच दो अन्य स्वतंत्र मतों का उदय हुआ। महावीर के जीवनकाल में जैन धर्म अस्तित्व में आया। गौतम बुद्ध की शिक्षाओं पर आधारित बौद्ध धर्म ने मध्यम वर्ग के अनुयायियों को छोड़कर अन्य सभी वर्ग के लोगों को आकर्षित किया; इसी काल में भारत का इतिहास-लेखन प्रारंभ हुआ। बढ़ती शहरी संपदा के युग में, दोनों धर्मों ने त्याग को एक आदर्श माना और दोनों ने लंबे समय तक चलने वाली मठ परंपराओं की स्थापना की। राजनीतिक रूप से तीसरी शताब्दी ईसा पूर्व तक मगध साम्राज्य अन्य राज्यों को अपने अंदर मिलाकर मौर्य साम्राज्य के रूप में उभरा। मगध ने दक्षिण भारत के कुछ हिस्सों को छोड़कर पूरे भारत पर अपना अधिपत्य स्थापित कर लिया, लेकिन कुछ अन्य प्रमुख बड़े राज्यों ने इसके प्रमुख क्षेत्रों को अलग कर लिया। मौर्य राजाओं को उनके साम्राज्य की उन्नति के लिए तथा उच्च जीवन स्तर के लिए जाना

जाता है, क्योंकि सम्राट अशोक ने बौद्ध धम्म की स्थापना की तथा शस्त्रमुक्त सेना का निर्माण किया। 180 ई. के आरंभ से मध्य एशिया से कई आक्रमण हुए, जिनके परिणामस्वरूप उत्तर भारतीय उपमहाद्वीप में यूनानी, शक, पार्थी और अंततः कुषाण राजवंश स्थापित हुए। तीसरी शताब्दी के आगे का समय जब भारत पर गुप्त वंश का शासन था, भारत का स्वर्णिमकाल कहलाया।

तमिल के संगम साहित्य के अनुसार 200 ई. पू. से 200 ई. तक दक्षिण प्रायद्वीप पर चेर, चोल तथा पांड्य राजवंशों का शासन था, जिन्होंने बड़े स्तर पर भारत और रोम के व्यापारिक संबंध और पश्चिम व दक्षिण पूर्व एशिया के साम्राज्यों के साथ व्यापर किया। चौथी-पांचवी शताब्दी के बीच गुप्त साम्राज्य ने वृहद् गंगा के मैदानी क्षेत्र में प्रशासन तथा कर-निर्धारण की एक जटिल प्रणाली बनाई; यही प्रणाली बाद के भारतीय राज्यों के लिए एक आदर्श बन गई। गुप्त साम्राज्य में भक्ति पर आधारित हिंदू धर्म का प्रचलन हुआ। विज्ञान, कला, साहित्य, गणित, खगोलशास्त्र, प्राचीन प्रौद्योगिकी, धर्म तथा दर्शन, इन्हीं राजाओं के शासनकाल में फले-फूले, जो शास्त्रीय संस्कृत में रचे गए।

600 से 1200 ई. के मध्य का समय क्षेत्रीय राज्यों में सांस्कृतिक उत्थान के युग के रूप में जाना जाता है। कन्नौज के राजा हर्षवर्धन ने 606 से 647 ई. तक गंगा के मैदानी क्षेत्र में शासन किया तथा दक्षिण में अपने राज्य का विस्तार करने का प्रयास किया, किंतु दक्कन (दक्षिण) के चालुक्यों ने हरा दिया। उनके उत्तराधिकारियों ने पूर्व की ओर राज्य का विस्तार करना चाहा, लेकिन बंगाल के पाल शासकों से उन्हें हारना पड़ा। जब चालुक्यों ने दक्षिण की ओर विस्तार करने का प्रयास किया, तो पल्लुवों ने उन्हें पराजित कर दिया, जिनका सुदूर दक्षिण में पांड्यों तथा चोलों द्वारा विरोध किया जा रहा था। इस काल में कोई भी शासक एक साम्राज्य बनाने में सक्षम नहीं था और लगातार मूल भूमि की तुलना में दूसरे क्षेत्र की ओर आगे बढ़ने का क्रम जारी था। इस अवधि में नए शासन के कारण जातियों में बाँटे गए सामान्य कृषकों के लिए कृषि करना और सहज हो गया। जाति व्यवस्था के परिणामस्वरूप स्थानीय मतभेद होने लगे।

उत्तर प्रदेश का ज्ञात इतिहास लगभग 4000 वर्ष पुराना है। उस समय तक यहाँ के लोगों का मुख्य व्यवसाय कृषि था। इस समय यहाँ वैदिक सभ्यता अपने चरम पर थी, जिसका फैलाव सिंधु नदी और सतलुज के मैदानी भागों से यमुना और गंगा के मैदानी क्षेत्रों की ओर हुआ था। वैदिक संस्कृति ने दोआब (यमुना और गंगा के बीच का मैदानी भाग) और घाघरा नदी क्षेत्र के आस-पास के भूभाग को अपना ठिकाना बनाया। अनेक विद्वानों व इतिहासकारों ने वैदिक संस्कृति को ही आर्य-संस्कृति माना है। इसीलिए भारत देश का नाम आर्यावर्त या भारतवर्ष पड़ा। समय के साथ आर्य भारत के दूरस्थ भागों में फ़ैल गए। संसार की प्राचीनतम नगरी मानी जाने वाली काशी (वाराणसी) यहीं पर स्थित है और वैदिक संस्कृति का केंद्र है। वाराणसी के पास स्थित सारनाथ का चौखंडी स्तूप भगवान बुद्ध के प्रथम प्रवचन की याद दिलाता है। समय के साथ यह क्षेत्र छोटे-छोटे

राज्यों में बँट गया या फिर बड़े साम्राज्यों, यदुवंश, गुप्तवंश, मौर्यवंश और कुषाणवंश का हिस्सा बन गया। 7वीं शताब्दी से 11वी शताब्दी तक कन्नौज गुर्जर-प्रतिहार साम्राज्य का प्रमुख केंद्र था।

उत्तर प्रदेश में केंद्रित मुगल साम्राज्य ने एक नई मिश्रित संस्कृति के विकास को प्रोत्साहित किया। भारत के विभिन्न मत और इस्लाम के मेल ने कई नए मतों का विकास किया, जो भारत की विभिन्न जातियों के बीच साधारण सहमति प्रस्थापित करना चाहते थे। भक्ति आंदोलन के संस्थापकों में से एक रामानंद का चौदहवीं शताब्दी का प्रतिपादन था कि किसी व्यक्ति की मुक्ति 'लिंग' या 'जाति' पर आश्रित नहीं होती। सभी धर्मों के बीच अनिवार्य एकता की शिक्षा देने वाले कबीर ने उत्तर प्रदेश में मौजूद धार्मिक असहिष्णुता के विरुद्ध अपनी लड़ाई केंद्रित की। 18वीं शताब्दी में मुगलों के पतन के साथ ही इस मिश्रित संस्कृति का केंद्र दिल्ली से लखनऊ चला गया, जो अवध के नवाब के अंतर्गत था और जहाँ सांप्रदायिक सद्भाव के वातावरण में कला, साहित्य, संगीत और काव्य का उत्कर्ष हुआ।

इन सभी परिस्थितियों का प्रभाव गंगा-यमुना के दोआब में भी पड़ रहा था। तदयुगीन समय में फतेहपुर जनपद का एक बड़ा हिस्सा अर्गल के राजाओं के कब्जे में था और कन्नौज साम्राज्य का हिस्सा था। प्रारंभिक मुस्लिमकाल के दौरान इसे कोड़ा प्रांत में शामिल किया गया था और 15वीं शताब्दी में जौनपुर के अल्पकालिक राज्य का हिस्सा बना था। अकबर के अधीन जिले का पश्चिमी आधा हिस्सा कोड़ा की प्रांतीय सरकार का हिस्सा था, जबकि पूर्वी आधा कड़ा में शामिल था। दिल्ली राजवंश की क्रमिक गिरावट के दौरान फतेहपुर को अवध के गवर्नर जनरल को सौंपा गया था, लेकिन 1736 ई. में यह मराठों के अधीन हो गया, जिन्होंने 1750 ई. तक फतेहपुर पर कब्जा रखा। बाद में इसे फतेहपुर के पठानों द्वारा पुनः प्राप्त कर लिया गया। तीन साल बाद सफदरजंग द्वारा पुनः विजय प्राप्त कर ली गई और 1801 ई. में इसे अँग्रेजों को सौंप दिया गया।

ईस्ट इंडिया कंपनी/ब्रिटिश शासन के समय जिले का विहंगावलोकन

17वीं शताब्दी के मध्यकाल में पुर्तगाल, डच, फ्रांस, ब्रिटेन सहित अनेक यूरोपीय देशों, जो भारत से व्यापार करने के इच्छुक थे, ने देश की आतंरिक शासकीय अराजकता का फायदा उठाया। हालाँकि अँग्रेज व्यापार करने के बहाने से देश में आए और आंतरिक विद्रोह करवाने की कोशिश की, ताकि वे आपस में लड़वाकर भारतीयों को कमजोर कर सकें। इसमें वे कामयाब हुए और 1840 ई. तक लगभग संपूर्ण देश पर शासन करने में सफल हुए। वास्तव में अँग्रेज शासन की दृष्टि से भारत नहीं आए थे, बल्कि ये देश की भोली-भाली जनता को लूटना चाहते थे। जैसा कि सर्वविदित है कि भारत देश में बाहर से आया हर कोई मेहमान होता है और उसे वे देवता का दर्जा देते हैं। इसी का फायदा अँग्रेजों ने उठाया और धीरे-धीरे आंतरिक अशांति का प्रसार किया। सबसे पहले इन्होंने

यहाँ की शिक्षा-व्यवस्था को बदला, जो कि दुनिया में सबसे अच्छी थी। वर्ण-व्यवस्था को जाति-व्यवस्था में परिवर्तित कर दिया। समाज को ऊँची-नीची जातियों में विभक्त किया गया। इस्लाम धर्म के अनुयायियों को गौ- हत्या में लगवाकर हिंदुओं को यह समझाया गया कि "देखो आपके मुस्लिम भाई आपकी माता की हत्या कर रहे हैं। ये तो आपके भाई कहलाने के लायक भी नहीं हैं।" इस प्रकार दंगे करवाए गए।

1857 ई. में ईस्ट इंडिया कंपनी के विरुद्ध असफल विद्रोह, जो भारतीय स्वतंत्रता के प्रथम संग्राम के नाम से भी जाना जाता है, के बाद भारत का अधिकांश भाग सीधे अँग्रेजी शासन के प्रशासनिक नियंत्रण में आ गया। सन् 1858 से 1947 ई. के बीच भारतीय उपमहाद्वीप पर ब्रितानी शासन था। क्षेत्र जो सीधे ब्रिटेन के नियंत्रण में था, जिसे आम तौर पर समकालीन परिस्थितियों में 'इंडिया' कहा जाता था—में वे क्षेत्र शामिल थे, जिन पर ब्रिटेन का सीधा शासन था।

लगभग 75 वर्ष की अवधि में उत्तर प्रदेश के क्षेत्र का ईस्ट इंडिया कंपनी (ब्रिटिश व्यापारिक कंपनी) ने धीरे-धीरे अधिग्रहण किया। विभिन्न उत्तर भारतीय राजवंशों से सन् 1775 व 1798 ई. में, सन् 1801 में नवाबों से, सन् 1803 ई. में सिंधिया से और सन् 1816 ई. में गोरखों से छीने गए प्रदेशों को पहले बंगाल प्रेसिडेन्सी के अंतर्गत रखा गया, फिर सन् 1833 ई. में इन्हें अलग करके पश्चिमोत्तर प्रांत (आरंभ में आगरा प्रेसिडेंसी कहलाता था) गठित किया गया। 1856 ई. में कंपनी ने अवध पर अधिकार कर लिया और आगरा एवं अवध संयुक्त प्रांत (वर्तमान उत्तर प्रदेश की सीमा के समरूप) के नाम से इसे 1877 ई॰ में पश्चिमोत्तर प्रांत में मिला लिया गया। 1902 ई॰ में इसका नाम बदलकर संयुक्त प्रांत कर दिया गया।

1857-1859 ई. के बीच ईस्ट इंडिया कंपनी के विरुद्ध हुआ विद्रोह मुख्यतरू पश्चिमोत्तर प्रांत तक सीमित था। 10 मई 1857 ई. को मेरठ में सैनिकों के बीच भड़का विद्रोह कुछ ही महीनों में 25 से भी अधिक शहरों में फैल गया। सन् 1857 ई. के प्रथम स्वाधीनता-संग्राम में झाँसी की रानी लक्ष्मीबाई की भूमिका अत्यंत महत्त्वपूर्ण रही। उन्होंने अँग्रेजों से डटकर मुकाबला किया और ब्रिटिश सेना के छक्के छुड़ा दिए। 1858 ई. में विद्रोह के दमन के बाद पश्चिमोत्तर और शेष ब्रिटिश भारत का प्रशासन ईस्ट इंडिया कंपनी से ब्रिटिश ताज को हस्तांतरित कर दिया गया। 1880 ई. के उत्तरार्द्ध में भारतीय राष्ट्रवाद के उदय के साथ संयुक्त प्रांत स्वतंत्रता आंदोलन में अग्रणी रहा। प्रदेश ने भारत को मोतीलाल नेहरू, मदनमोहन मालवीय, जवाहरलाल नेहरू और पुरुषोत्तमदास टंडन जैसे महत्त्वपूर्ण राष्ट्रवादी राजनीतिक नेता दिए। सन् 1922 में भारत में ब्रिटिश साम्राज्य की नींव हिलाने के लिए किया गया महात्मा गाँधी का असहयोग आंदोलन पूरे संयुक्त प्रांत में फैल गया, लेकिन चौरी चौरा गाँव (प्रांत के पूर्वी भाग) में हुई हिंसा के कारण महात्मा गाँधी ने अस्थाई तौर पर आंदोलन को रोक दिया। संयुक्त प्रांत मुस्लिम लीग की राजनीति का भी केंद्र रहा। ब्रिटिशकाल के दौरान रेलवे, नहर और प्रांत के

भीतर ही संचार के साधनों का व्यापक विकास हुआ। अँग्रेजों ने यहाँ आधुनिक शिक्षा को भी बढ़ावा दिया और यहाँ पर इलाहाबाद और लखनऊ जैसे विश्वविद्यालय व कई महाविद्यालय स्थापित किए।

सन् 1857 में अँग्रेजी फौज के भारतीय सिपाहियों ने विद्रोह कर दिया। यह विद्रोह एक साल तक चला और अधिकतर उत्तर भारत में फ़ैल गया। इसे भारत का प्रथम स्वतंत्रतता-संग्राम कहा गया। इस विद्रोह का प्रारंभ मेरठ शहर में हुआ। इस का कारण अँग्रेजों द्वारा गाय और सूअर की चर्बी से युक्त कारतूस देना बताया गया। इस संग्राम का एक प्रमुख कारण डलहौजी की राज्य हड़पने की नीति भी थी। यह लड़ाई मुख्यतः दिल्ली, लखनऊ, इलाहाबाद, कानपुर, फतेहपुर, झाँसी और बरेली में लड़ी गई। इस लड़ाई में झाँसी की रानी लक्ष्मीबाई, अवध की बेगम हज़रत महल, बख्त खान, नाना साहेब, राजा बेनी माधव सिंह और अनेक देशभक्तों ने भाग लिया।

तृतीय अध्याय

स्वतंत्रता-संग्राम का प्रथम उद्घोष पृष्ठभूमि

अँग्रेजों के आने से पूर्व भारतवर्ष में मुगलों का आधिपत्य था। अँग्रेजों ने अपनी धन-लिप्सा को दिन-दूना रात चौगुना करने के उद्देश्य से भारत के साथ व्यापार करने की एक सुनिश्चित योजना बनाई। इसके लिए ब्रिटिश व्यापारियों ने 1599 ई. में ईस्ट इंडिया कंपनी की स्थापना की। महारानी एलिजाबेथ प्रथम ने इस कंपनी को भारत में व्यापार करने की अनुमति दे दी। व्यापारिक क्षेत्र में अपना स्थान बनाने के लिए भारत में पूर्व से कार्यरत यूरोपीय देशों की कंपनियोंडच, पुर्तगाली, फ्रांसीसी आदि से लड़ना पड़ा। प्रारंभिक 100 वर्षों तक ईस्ट इंडिया कंपनी का व्यापारिक कार्य शांतिपूर्ण ढंग से संचालित होता रहा, किंतु आगे चलकर वह भारत के राजनीतिक मामलों में दखल देने लगी। उसके कर्मचारी राजनीतिक सत्ता का दुरुपयोग करते हुए भ्रष्टाचार, कदाचार और लूटपाट में संलग्न हो गए। यहाँ तक कि कई क्षेत्रों को अपने अधीन कर लिया। ब्रिटिश सरकार ने कंपनी पर अंकुश लगाया, लेकिन परिणाम ढाक के तीन पात। भारतीय गुलामी के इस भार को नहीं सह सके। इसे उतार फेंकने के लिए सन् 1857 का स्वाधीनता संग्राम एकमात्र विकल्प था।

स्वतंत्रता-संग्राम के उद्घोष में राजनीतिक, आर्थिक, धार्मिक, सामाजिक कारणों का महत्त्वपूर्ण योगदान है। राजनीतिक कारणों के अंतर्गत लार्ड डलहौजी की साम्राज्यवादी हड़प-नीति बड़ी उग्र और भयावह थी। उसने अपनी अपहरण नीति के द्वारा कुछ राज्यों को उत्तराधिकारी के अभाव में ब्रिटिश साम्राज्य में मिला लिया, जिनमें सतारा, झाँसी और नागपुर राज्य उल्लेखनीय हैं। इसके अलावा अँग्रेजों के कूटनीतिक दाँव-पेंच के आधार पर अवध के नवाब के प्रासादों को बुरी तरह से लूटा गया। उस पर कुशासन का आरोप लगाते हुए सन् 1856 में अवध का ब्रिटिश साम्राज्य में विलय कर दिया गया; महिलाओं के साथ अमानवीय व्यवहार किया गया, जमींदारों और तालुकदारों की पैतृक जमींदारियाँ बिना किसी कारण के छीन ली गईं, मुगल सम्राट बहादुर शाह जफर के साथ दुर्व्यवहार किया गया, उन्हें नजराना देना बंद कर दिया गया; इतना ही नहीं मुद्रा पर से सम्राट का नाम तक हटा दिया गया। उधर पेशवा बाजीराव द्वितीय की मृत्यु के बाद उनके दत्तक पुत्र नाना साहब को आठ लाख की वार्षिक पेंशन देना बंद कर दिया गया। फलस्वरूप

नाना साहब तो अँग्रेजों के शत्रु बन ही गए, साथ ही मुसलमान, कुलीनतंत्र, सिपाही तथा किसान सब ब्रितानियों के विरुद्ध हो गए। इन सभी ने सन् 1857 के विद्रोह का नेतृत्व किया। आर्थिक कारणों के अंतर्गत अँग्रेजों की औद्योगिक नीति से भारतीय व्यापार एवं उद्योग धंधे नष्ट हो गए। भारत से कच्चा माल इंग्लैंड जाने लगा तथा वहाँ से तैयार माल भारत आने लगा। भारत का वस्त्र उद्योग अवनति के कगार पर पहुँच गया और हजारों की संख्या में भारतीय बेरोजगार हो गए। इसके अलावा अँग्रेजों ने मुगलों की भाँति भारत में शासन नहीं किया, बल्कि कुछ काल तक शासन करने के उपरांत अपने साथ अपार धनराशि, हीरे-मोती, सोना-चाँदी, सिक्कों आदि को लेकर इंग्लैंड लौट जाते थे। ब्रिटिश साम्राज्य का संस्थापक और सबसे कुख्यात लुटेरे राबर्ट क्लाइव ने ताउम्र यही काम किया भी। सुख और समृद्धि के नाम पर जिस देश को सोने की चिड़िया नाम दिया गया था, वह सोने की चिड़िया 17वीं शताब्दी तक पूरी तरह उड़ चुकी थी। तभी तो हिंदी साहित्य में खड़ी बोली के जनक भारतेंदु हरिश्चंद्र की विशाल आत्मा तड़प उठी थी। उन्हें राष्ट्रीय चेतना के स्वरों से युक्त 'भारत दुर्दशा' नामक नाटक में सार्वजनिक रूप से लिखना पड़ा था–

अँग्रेज राज सुख साज सजे सब भारी।
पै विदेश धन चलि जात यहै अति ख़्वारी॥

परिणामतः भारतीय जनता में असंतोष पैदा हो गया। अँग्रेजों का धार्मिक उन्माद अपने चरम पर था। उनके द्वारा धर्म प्रचारार्थ खोली गई ईसाई मिशनरियों को पूरी तरह से खुली छूट दे दी गई थी कि वे जब चाहें और जिस ढंग से चाहें भारतीयों का धर्मांतरण कर सकती थीं। जो व्यक्ति ईसाई हो जाते, उन्हें ऊँची नौकरियाँ दी जातीं। चर्च के कुछ पादरियों ने राम, कृष्ण, मुहम्मद, गुरु नानक तथा अन्य देवी-देवताओं की खिल्ली उड़ाना तथा उनको अपशब्दों से संबोधित करना प्रारंभ कर दिया था। भारतीयों को अपने धर्म-ग्रंथों तथा प्राक्-संस्कृति के आधार पर पुत्र गोद लेने का अधिकार था, किंतु लार्ड डलहौजी ने अनेक भारतीय राजाओं के गोद लिए हुए पुत्रों को अधिकार के लिए अवैध घोषित कर दिया।

अँग्रेजों ने भारत में सती प्रथा, बाल विवाह जैसी सामाजिक प्रथाओं पर प्रतिबंध लगाते हुए उन्हें अवैध घोषित कर दिया। इसके स्थान पर उन्होंने विधवा विवाह न्यायसंगत ठहराया। भारत की कट्टर हिंदू जनता ने इसका कड़ा विरोध किया। लॉर्ड मैकाले जैसे अँग्रेज शिक्षाविदों ने पाश्चात्य सभ्यता और संस्कृति के प्रचार के लिए अँग्रेजी माध्यम को वरीयता देते हुए भारतीय साहित्य और प्रांतीय भाषाओं की उपेक्षा की। मैकाले ने तो यहाँ तक कह दिया कि "पाश्चात्य साहित्य की एक अलमारी समस्त एशिया के साहित्य से श्रेष्ठतर है।"

जब कोढ़ में खाज पैदा हो जाता है, तो संकट और गहरा जाता है। उधर भारतीयों द्वारा पाश्चात्य सभ्यता का विरोध चल ही रहा था कि इधर सैनिक क्षेत्र में अँग्रेजों ने

अँग्रेज सैनिकों को उच्च पदों पर नियुक्तियाँ देना प्रारंभ कर दिया और भारतीय सैनिकों को उन पदों के लिए अयोग्य समझा जाने लगा। इसी नीति के चलते अँग्रेज सैनिकों की तुलना में भारतीय सैनिकों को अल्पतर वेतन दिया जाता था। सन् 1856 में कैनिंग ने 'सर्विस इंटेलीजेंट एक्ट' की घोषणा की, जिसके आधार पर भारतीय सैनिकों को कहीं भी सेवा के लिए भेजा जा सकता था, जबकि वे समुद्र पार जाना धर्म के विरुद्ध मानते थे। अँग्रेज भारतीयों की कमजोर और रुग्ण नस को पकड़ना अच्छी प्रकार से जानते थे। उन्हें पता था कि भारतीय समुद्र पार गए, तो उनका हुक्का-पानी बंद कर दिया जाएगा अर्थात् उन्हें धर्म और जाति से पूरी तरह बहिष्कृत कर दिया जाएगा।

सन् 1857 के प्रथम स्वतंत्रता-संग्राम उद्घोष के कारणों में कारतूस वाली रोमांचकारी घटना थी, जिसे इतिहासकारों ने सैनिक पृष्ठभूमि के अंतर्गत बखूबी स्थान दिया है। यह अविस्मरणीय घटना स्वतंत्रता आंदोलन के अग्रदूत क्रांतिकारी मंगल पांडे से प्रारंभ होती है और मंगल पांडे की इति हो जाने के बाद अपनी राह निरंतर आगे खोजती जाती है। यह घटना 'करो या मरो' के सिद्धांत पर नहीं, अपितु 'करो और मारो' के सिद्धांत पर आधारित है। जिस समय ईस्ट इंडिया कंपनी की बंगाल इकाई की पैदल सेना (34BN1 बंगाल नेटिव इन्फेंट्री) में एक सैनिक के रूप में मंगल पांडे की प्रथम भर्ती हुई, उस समय अँग्रेजों ने धर्म के नाम पर भारतीय सैनिकों के साथ बहुत खिलवाड़ किया। उन्होंने राइफल की कारतूस बनाने में गाय और सूअर की चर्बी का प्रयोग किया। आप जानते हैं कि गाय हिंदुओं के लिए परम वंदनीय और पूजनीय है। उनकी पवित्र गौमाता है। धर्मशास्त्रों के आधार पर वे गाय का मांस कभी नहीं खाते और उधर मुसलमानों के लिए सूअर अपवित्र और अछूत है। कुरान-आयतों के आधार पर वे सूअर का मांस नहीं खाते। रायफल में कारतूस डालने से पहले उसे मुँह से काटकर खोलना पड़ता था। यह हिंदू और मुसलमान दोनों के लिए बड़ा ही गंभीर और धार्मिक विषय का मामला था। कुछ लोगों ने कारतूस में प्रयुक्त गाय और सूअर की चर्बी को अफवाह की संज्ञा दी है, किंतु यह अफवाह नहीं एक ऐतिहासिक सच्चाई है। लार्ड राबर्ट्स नामक इतिहासकार ने लिखा है—"इसमें संदेह नहीं है कि कारतूस का चिकना मसाला तैयार करने में चर्बी का प्रयोग किया जाता था और यह गाय और सूअर की होती थी।"

बात सौ फीसदी सत्य साबित हो गई। परिणामतः धर्मयुद्ध छिड़ गया। भारतीय हिंदू और मुसलमान सैनिकों ने मंगल पांडे के संकेत पर कारतूस लेने से मना कर दिया। क्रांति के मुखिया मंगल पांडे ने बैरकपुर छावनी में 29 मार्च 1857 को अँग्रेजों द्वारा भेजी गई कारतूसों का विरोध करते हुए उन्हें लेने से साफ इनकार कर दिया। अँग्रेजों ने इसे अपनी तौहीन समझा। झल्लाए हुए अँग्रेज अफसर ह्यूसन ने अपने शागिर्दों को आदेश दिया कि मंगल पांडे के हथियार और उनकी वर्दी छीन ली जाए। मंगल पांडे ने भी ह्यूसन के इस फरमान को अपने स्वाभिमान के खिलाफ समझा और हथियार तथा वर्दी देने से इंकार कर दिया। फलतः अँग्रेजों ने मंगल पांडे पर हमला बोल दिया। फिर क्या था 'का चुप

साध रहे बलवाना' का मंत्र लेकर मंगल पांडे ने राइफल का ट्रिगर (फायरिंग पिन) दबाया और 'करो और मारो' का नारा देते हुए अँग्रेज अफसर ह्यूसन को मौत के घाट उतार दिया। इसी बीच दूसरा अँग्रेज अफसर आया। उसे भी मौत की नींद सुला दिया। तीसरा कर्नल ह्वीलर नामक अँग्रेज आया, किंतु वह लड़ाई से पहले ही अपनी जान बचाकर नौ दो ग्यारह हो गया। जनपद फतेहपुर के लोकप्रिय और चर्चित कवि डॉ. ब्रजमोहन पांडेय 'विनीत' ने 'अमर शहीद दरियाव सिंह' नामक खंडकाव्य में 'हुंकार' सर्ग में मंगल पांडे की गंभीरता और उनकी त्वरित कार्यवाही का उल्लेख करते हुए लिखा है–

इतना सुनते ही मंगल ने ट्रैगर तुरत दबाया,
ठाँय-ठाँय का शब्द हुआ ह्यूसन का हुआ सफाया,
ह्यूसन लुढ़क गया धरती पर बही रक्त की धारा,
गोरों की सब शान मिट गई उतर गया मद सारा।

यह बात यहीं पर नहीं रुकी अंततोगत्वा मंगल पांडे को बंदी बनाकर 8 अप्रैल 1857 को फाँसी दे दी गई। मंगल पांडे का बलिदान इस विद्रोह में पहली आहुति थी। शायद यही आहुति सन् 1857 के प्रथम स्वतंत्रता-संग्राम की तिथि निर्धारित करने का निर्णायक कारण बनी।

भारतीय आकाश में चारों तरफ अशांति की परिस्थितियों के घनघोर बादल मँड़रा रहे थे। इस चुनौतीपूर्ण वातावरण में भारतीय क्रांतिकारियों ने सन् 1857 की क्रांति को सफल करने एवं भारत से अँग्रेजों को निकालने के लिए योजनाबद्ध तरीके से काम करना आरंभ कर दिया। क्रांति के संगठन की पृष्ठभूमि के निर्माण का कार्य नाना साहब, तात्या टोपे, बादशाह बहादुर शाह, झाँसी की रानी लक्ष्मीबाई आदि ने आरंभ किया। नाना साहब ने अपनी पेंशन की प्राप्ति के लिए अपने मंत्री अजीमुल्ला खाँ को इंग्लैंड भेजा। वहाँ पर उसने रंगाबाबू से भेंट की, जो सतारा के राज्य का वकील था। दोनों व्यक्तियों ने सशस्त्र क्रांति की योजना बनाई तथा भारत लौटने पर इन लोगों ने नाना साहब से मिलकर भारतीय जनता में अँग्रेजों के विरुद्ध विद्रोह की भावनाओं का प्रचार-प्रसार करना प्रारंभ कर दिया। क्रांति के नेतृत्व की बागडोर बहादुरशाह जफर को सौंप दी गई। उन्होंने दिल्ली, मैसूर, लखनऊ और अवध के असंतुष्ट राजाओं और जमींदारों से पत्राचार के माध्यम से संपर्क किया। इस प्रकार मुगल बादशाह बहादुरशाह जफर तथा उनकी बेगम ज़ीनत महल, अवध के नवाब वाजिद अली शाह तथा उनकी बेगम हज़रत महल, तात्या टोपे, कुँवर सिंह, नाना साहब आदि का विशाल संगठन तैयार हो गया। क्रांतिकारियों ने अपने विचारों को दूर-दूर तक पहुँचाने के लिए संकेतात्मक रूप में 'लाल कमल और रोटी' का निर्माण किया था। लाल कमल शौर्य का तथा रोटी आजीविका का प्रतीक है। कमल को सेना के मध्य तथा रोटी को गाँव-गाँव में घुमाया गया, जिसका सीधा अर्थ था–क्रांति का आह्वान।

नाना साहब और अजीमुल्ला दोनों ने तीर्थाटन का बहाना लेकर समग्र भारत में भ्रमण किया। हिंदुओं ने गंगाजल और मुसलमानों ने कुरान को हाथ में लेकर शस्त्र-क्रांति में सहभाग करने का वचन दिया। क्रांति के प्रारंभ में दिल्ली के स्वाधीन होते ही सम्राट बहादुरशाह की ओर से एक सूचना प्रकाशित हुई थी, जिसमें उन्होंने स्वाधीनता प्राप्ति के लिए भारतवासियों से अपील की थी। उन्होंने कहा था– "हिंदुस्तान के निवासियों! हम निश्चय कर लें, तो बात ही बात में दुश्मन अँग्रेज का अंत कर सकते हैं। हम दुश्मन को नष्ट कर डालेंगे और अपने धर्म तथा देश को, जो हमें प्राणों से भी अधिक प्रिय है, खतरे से बचा लेंगे। अँग्रेज हिंदुओं और मुसलमानों में परस्पर फूट डालने का प्रयास करेंगे। अतः उनके जाल में न फँसे। अपने आंतरिक मतभेदों को भुलाकर इस समय एक झंडे के नीचे इकट्ठे हो जाओ।"

इस प्रकार प्रारंभ से चली आ रही चिर संचित घटनाओं, तात्कालिक प्रभावों एवं जोशीले आह्वानों को सुनकर क्रांतिकारियों ने क्रांति की तिथि 31 मई 1857 निश्चित कर दी। इस प्रकार 1857 ई. का विद्रोह स्वतंत्रता की जन आकांक्षाओं का प्रथम अंकुरण है।

सन् 1857 ई. के प्रथम स्वतंत्रता-संग्राम में फतेहपुर जनपदवासियों की भूमिका

भारत के वीर और सुधी सपूतों के द्वारा प्रथम स्वतंत्रता-संग्राम के श्री गणेश की तिथि 31 मई 1857 सुनिश्चित कर दी गई, किंतु राइफल की कारतूस में प्रयुक्त गाय और सूअर की चर्बी वाली आकस्मिक घटना से सैनिकों के धैर्य का बाँध टूट गया। परिणामतः विद्रोह की चिंगारी इससे पहले ही प्रस्फुटित हो गई। प्रथम दृष्टया मंगल पांडे सहित बैरकपुर छावनी के सैनिकों ने चर्बी वाले कारतूसों के विरोध में झंडा खड़ा किया, जिसके कारण उन्हें नौकरी से हाथ धोना पड़ा और मंगल पांडे को अँग्रेज अफसरों की हत्या के बदले में मौत की सजा भुगतनी पड़ी। इसके बाद मेरठ में क्रांति कि आग भड़क उठी। यहाँ भी जब सैनिकों ने चर्बी वाले कारतूस का प्रयोग करने से इनकार किया, तो उन्हें 09 मई 1857 को परेड के मध्य अपमानित किया गया। प्रतिक्रियास्वरूप 10 मई 1857, रविवार के दिन भारतीय सैनिकों ने अँग्रेजों के विरुद्ध क्रांति कर दी और जेल पर आक्रमण कर कैदियों को मुक्त कर दिया। क्रांतिकारियों ने 'दिल्ली चलो' का नारा लगाकर 12 मई 1857 को दिल्ली की ओर कूच किया और लाल किले पर अधिकार करके बहादुर शाह जफर को भारत का सम्राट घोषित कर दिया। दिल्ली की सफलता का समाचार सुनकर क्रांति की यह आग अलीगढ़, इटावा, मैनपुरी, मुरादाबाद, बरेली आदि अनेक स्थानों पर फैल गई।

जब अँग्रेजों को उपर्युक्त समस्त समाचारों का वास्तविक ज्ञान हुआ, तो उन्होंने बड़ी दृढ़ता और साहस से भारतीय क्रांति को कुचलने का निश्चय किया। उन्होंने तत्काल अपनी कूटनीतिक चाल से देशी राजाओं, जमींदारों तथा विद्रोही व्यक्तियों को धन का

लालच देकर अपनी ओर मिला लिया। इसके उपरांत अँग्रेजों ने क्रांतिकारियों का दमन कठोरतापूर्वक करना प्रारंभ कर दिया। अँग्रेजी सेना ने सर्वप्रथम दिल्ली पर अधिकार कर लिया। उन्होंने बहादुर शाह जफर तथा उनके पुत्रों को बंदी बना लिया। उनके पुत्रों को एक घुड़सवार नेता हडसन ने गोली मार दी और उनके सिरों को काटकर थाल में सजाकर तोहफे के रूप में बहादुरशाह के सामने प्रस्तुत कर दिया गया। बहादुर शाह को आजीवन कारावास का दंड देकर रंगून भेज दिया गया, जहाँ 07 नवंबर 1862 को उनकी मृत्यु हो गई।

गवर्नर जनरल कैनिंग के आदेश पर कर्नल नील ने बनारस और इलाहाबाद पर अपना प्रभुत्व स्थापित कर लिया। अब अँग्रेजों की गिद्ध दृष्टि कानपुर की ओर लगी हुई थी, किंतु बिठूर के नाना साहब के सामने अँग्रेजों की दाल नहीं गल रही थी। इस बात की समग्र जानकारी जब गवर्नर जनरल केनिंग को लगी, तो उसने इलाहाबाद से दो सेनाएँ जनरल हैवलॉक और मेजर रेनार्ड की अध्यक्षता में कानपुर भेजीं, किंतु इलाहाबाद और कानपुर के मध्य में गंगा और यमुना जैसी पवित्र महानदियों के दोआब में उत्तर प्रदेश का छोटा-सा जनपद फतेहपुर लघु हिमालय की भाँति प्रहरी रूप में खड़ा हुआ था। कानपुर पहुँचने से पहले फतेहपुर की सीमा लाँघना आवश्यक था। यह वही जनपद फतेहपुर है, जो अपनी लेखनी-धार और असि-धार दोनों के लिए सदा से जाना जाता रहा है। जब भी कभी देश पर संकट आया है, तो यहाँ के वीरों ने अपनी जान की बाजी लगा दी है।

ऐतिहासिक तथ्यों के आधार पर स्वतंत्रता-संग्राम का प्रथम उद्घोष 31 मई 1857 को होना निर्धारित हुआ था, किंतु कुछ ऐसी घटनाओं का तारतम्य बना कि अखिल भारतीय स्तर पर इसका उद्भव 31 मई के पहले ही हो गया। जनपद फ़तेहपुर में क्रांति का पुण्याटवाचन सिंगरौर शाखा में जन्मे ठाकुर दरियाव सिंह ने किया। ये खागा के तालुकेदार थे। स्वतंत्रता-संग्राम की तिथि सुनिश्चित होने के बाद इस विषय पर गहन विचार मंथन करने के लिए वे मई माह में अपने अभिन्न मित्र शंकरपुर के राजा बेनी माधव सिंह के यहाँ गए। क्रांति को लेकर इन दोनों के मध्य अनेक प्रकार की गोपनीय वार्ताएँ हुआ करती थीं। ठा. दरियाव सिंह अपने मित्र के यहाँ से लौट नहीं पाए थे कि इधर साहसी क्रांतिकारियों ने कानपुर में 04 जून को तथा इलाहाबाद (वर्तमान प्रयागराज) में 07 जून को हमला बोलकर दोनों ही स्थानों से अँग्रेजों को खदेड़ दिया और कानपुर व इलाहाबाद में कब्जा कर लिया। इसके बाद लगभग 200 विद्रोहियों ने फतेहपुर में डेरा डाल दिया। 08 जून को ठा. दरियाव सिंह के सेनानायक व उनके पुत्र सुजान सिंह ने खागा के राजकोष पर कब्जा कर लिया और यूनियन जैक हटाकर भारतीय स्वतंत्रता का ध्वज लहरा दिया। 08 जून 1857 की यह तिथि खागा तहसील के लिए अत्यंत अविस्मरणीय है। आज भी जनपद फतेहपुर के खागा नगर में 08 जून की तिथि बड़े हर्षोल्लास के साथ प्रतिवर्ष विजय पर्व के रूप में मनाई जाती है।

क्रांतिकारियों का हौसला बुलंद था। 09 जून को फतेहपुर कचहरी और राजकोष में

आधिपत्य स्थापित करने के लिए क्रांतिकारियों ने दुगुने उत्साह के साथ धावा बोल दिया, जिनमें रसूलपुर के जोधासिंह अटैया, जमराँवा के ठा. शिवदयाल सिंह, कोराईं के गयादीन दुबे के नाम प्रमुख हैं। यहाँ यह बता देना आवश्यक होगा कि भारत मंव चाटुकार और ससम्मान ताली बजाकर अँग्रेजों का स्वागत करने वालों की कमी नहीं रही है। कोराईं के गयादीन दुबे भी ऐसे लोगों में से ही एक थे। ये कोराईं (फतेहपुर) के तालुकेदार थे तथा अँग्रेजों की मिलीभगत से भारतीय जनता का हमेशा शोषण किया करते थे। जब एक सुनिश्चित योजना के आधार पर सन् 1857 के विद्रोह के दौरान भारतीय क्रांतिकारियों के द्वारा जनपद फतेहपुर की कचहरी का राजकोष लूटा जाना था तो गयादीन दुबे का परम मित्र और तत्कालीन अँग्रेज न्यायाधीश मि. टक्कर पूरी मुस्तैदी के साथ उस राजकोष की रखवाली कर रहा था। इस रखवाली के समर्थन में गोपनीय रूप से गयादीन दुबे का भी हाथ था। जब ठा. दरियाव सिंह को इस कपट कुचक्र की भनक लगी, तो उन्होंने गयादीन दुबे को मातृभूमि की सौगंध दिलाते हुए पूरी तरह से लताड़ा, फटकारा और ललकारा भी। कहा जाता है कि उनके दमकते हुए विशाल चेहरे और प्रभावशाली व्यक्तित्व का इतना बड़ा प्रभाव था कि गयादीन दुबे उनके सामने नजर नहीं मिला सका और शर्म से जमीन में गड़ गया। फलागम यह हुआ कि गयादीन दुबे का भेदिया मन धरपत हो गया अर्थात् तथागत के अंशुल अंगुलिमाल की तरह पूर्ण रूप से बदल गया और उन्होंने मि. टक्कर जैसे अँग्रेज दोस्त को सैनिक मदद देने से इनकार कर दिया। अंततोगत्वा गयादीन दुबे को नकार के स्वरों में दो टूक शब्दों में कहना पड़ा। इस कहन को जनपद फतेहपुर के राष्ट्रीय चेतना के कवि डॉ. ब्रजमोहन पांडेय 'विनीत' ने संवाद के स्वरों में इस प्रकार अभिव्यक्त किया है–

माँगी शरण कहा बाबा ने, टक्कर वापस जाओ!
रक्षक ले लो जगह बदल कर, अपनी जान बचाओ,
शरणागत की रक्षा करना, है यह धर्म हमारा,
किंतु वतन की रक्षा करना, भी सत्कर्म हमारा।

कहा जाता है कि जब ठा. दरियाव सिंह तथा अन्य क्रांतिकारियों का दबाव टक्कर पर पड़ा, तो टक्कर ने बँगले में ही असहाय होकर आत्महत्या कर ली और दीवार पर लिख दिया कि कोराईं के गयादीन दुबे की वादाखिलाफी के कारण उसने जान दे दी।

मि. टक्कर की आत्महत्या के बाद हिकमत उल्ला डिप्टी कलेक्टर सर्वेसर्वा हो गए, जिनके संबंध पहले से ही क्रांतिकारियों से थे। इसके तत्काल बाद ठा. दरियाव सिंह के पुत्र ठा. सुजान सिंह अपने सैनिकों तथा अन्य क्रांतिकारियों के साथ डिप्टी कलेक्टर हिकमत उल्ला से मिले। हिकमत उल्ला इस स्वतंत्रता आंदोलन में पूर्ण रूप से सहयोगी बने और अँग्रेजों से बगावत कर दिए। हिकमत उल्ला के पास पठानों का अच्छा-खासा गिरोह था, जिसने ठा. सुजान सिंह का मनसा-वाचा-कर्मणा सहयोग किया। परिणाम

यह हुआ कि एक सुदृढ़ योजना का आलंबन लेकर 'प्रेस बेटेरियन' सोसाइटी का भवन तथा डाक बँगला आग के हवाले कर दिए गए। इस भयंकर दृश्य को देखकर मुख्यालय फतेहपुर में मौजूद यूरोपियन 09 जून को ही रात्रि में बाँदा के लिए कूच कर गए। दूसरे दिन 10 जून को जेल में बंद अन्य साथी क्रांतिकारियों को मुक्त कराकर फतेहपुर मुख्यालय के राजकोष पर कब्जा कर लिया गया और स्वतंत्रता की पताका फहरा दी गई। बिठूर के नाना साहब ने जब यह खबर सुनी, तो उन्होंने सहर्ष डिप्टी कलेक्टर हिकमत उल्ला को अपनी स्वतंत्र सरकार की ओर से चकलेदार (प्रशासक) बना दिया। इस प्रकार जनपद मुख्यालय फतेहपुर 10 जून 1857 से 11 जुलाई 1857 अर्थात् 32 दिन तक अँग्रेजी सत्ता से मुक्त रहा तथा उपखंड खागा 08 जून 1857 से लेकर 11 जुलाई 1857 अर्थात 34 दिन तक अँग्रेजों के आधिपत्य से बाहर रहा। यहाँ जनपद फतेहपुर के क्रांतिकारियों का शासन रहा।

जैसा कि कहा जा चुका है कि 11 जून 1857 को इलाहाबाद पर कब्जा करने के बाद कर्नल नील की दृष्टि कानपुर की ओर टिकी हुई थी, किंतु बीच में खागा (फतेहपुर) के ठा. दरियाव सिंह से जंग किए बिना वह आगे नहीं जा सकता था। उसने मेजर रेनार्ड को आदेश दिया कि वह 30 जून तक कानपुर की ओर प्रस्थान कर जाए। इसकी खुफिया भनक लियाकत अली के माध्यम से नाना साहब को लग गई। रेनार्ड 30 जून को इलाहाबाद से चलकर फतेहपुर की ओर प्रस्थान कर रहा था, तो फतेहपुर की पूर्वी सीमा से लगे हुए खागा में असंख्य विद्रोहियों को देखकर उसने आक्रमण करना उचित न समझा और उसने 10 जुलाई तक के लिए खागा से 05 किलोमीटर दूर पूर्वी सीमा में बसे हुए कटोघन में पड़ाव डाल दिया। 11 जुलाई को अँग्रेजी सेना एवं खागा की क्रांतिकारी सेना के मध्य मुठभेड़ हुई। इस मुठभेड़ में खागा के समस्त निकटवर्ती गाँव बुदवन, छीमी, पुरइन, बिजईपुर, रारी, थरियाँव, मंडा सराय, हरदों, हथगाम, सरौली, छिवलहा, खखरेरू, पाई, पौली, ऐलई, गोंदौरा, अलीपुर, भादर, भरखना, टेसाही, लोधौरा, कुंभीपुर, टेनी आदि शामिल थे। यहाँ की जनता ने लाठी-डंडे, तलवार, बंदूकें आदि लेकर अँग्रेजी सेना के दाँत खट्टे करने में कोई कसर नहीं छोड़ी। परिणाम यह हुआ कि अँग्रेज सेना पराजित होकर रेनार्ड के साथ पुनः अपने शिविर कटोघन आ पहुँची। रेनार्ड चिंता में डूब गया।

इधर रेनार्ड को कुचलने के लिए नाना साहब 10 जुलाई को जनरल ज्वालाप्रसाद, ब्रिगेडियर टीका सिंह, मौलवी लियाकत अली के नेतृत्व में पैदल, अश्वारोही तोपखाना के साथ कानपुर से कूच कर चुके थे, किंतु इसकी जानकारी रेनार्ड को कानों-कान लग गई। उसने तत्काल जनरल हैवलॉक को सूचित कर दिया। जनरल हैवलॉक को आंतरिक रूप से इस बात का अंदाजा था कि रेनार्ड की सेना नाना साहब की सेना के आगे नहीं टिक पाएगी। वह तत्काल एक बड़ी सेना लेकर इलाहाबाद से चलकर रेनार्ड की सेना में मिल गया। अब सैनिक-शक्ति दोगुनी हो गई, किंतु भारतीय क्रांतिकारियों को इस मिली-जुली सैन्य-शक्ति की जानकारी नहीं हो पाई। जनपद फतेहपुर से 10 किलोमीटर पूर्व राष्ट्रीय

राजमार्ग नंबर दो पर स्थित बिलंदा नामक स्थान पर रेनार्ड और हैवलॉक की संयुक्त सेना तथा नाना साहब की भेजी हुई सेना एवं खागा फतेहपुर के क्रांतिकारियों के मध्य युद्ध आरंभ हुआ, किंतु फतेहपुर की देसी सेना अँग्रेजों के सामने टिक न सकी और उसे पराजय का मुँह देखना पड़ा। फतेहपुर की देसी सेना ने भागकर फतेहपुर मुख्यालय से 40 किलोमीटर दूर पश्चिम दिशा की ओर 'औंग' नामक स्थान पर अपना नया मोर्चा बनाया। इधर हिकमत उल्ला खाँ को बंदी बनाकर इमली के पेड़ पर फाँसी दे दी गई और उसका सर कलम करके फतेहपुर कोतवाली के द्वार पर लटका दिया गया। इस प्रकार फतेहपुर पर अँग्रेजों का पुनः अधिकार हो गया।

15 जुलाई 1857 को औंग और पांडु नदी के किनारे पुनः दोनों सेनाओं के मध्य घमासान युद्ध हुआ। जिसमें रेनार्ड बुरी तरह जख्मी हो गया और 03 दिन के बाद सदा-सदा के लिए काल के गाल में समा गया। यहाँ भी फतेहपुर के क्रांतिकारियों को पराजय मिली। असफलताओं के बावजूद भी फतेहपुर के क्रांतिकारी कभी निराश नहीं हुए। एक बार फिर नाना साहब और ठाकुर दरियाव सिंह की बची-खुची सेना ने अहिरवाँ (कानपुर) नामक स्थान पर अँग्रेजी सेना का मुकाबला किया, किंतु सफलता न मिलने पर अवशेष क्रांतिकारी शंकरपुर के राना बेनी माधव के यहाँ चले गए तथा ठा. दरियाव सिंह ने कुछ काल के लिए जनपद फतेहपुर के 'केंय-भौंतर' के सघन जंगलों में प्रवास के रूप में ठहरना उचित समझा। इस प्रकार ठा. दरियाव सिंह के अभाव में एक बार पुनः फतेहपुर के निवासी अपने में गुलामियत का एहसास करने लगे।

आगे चलकर 19 जुलाई 1857 ई. को अँग्रेजी सेना ने कानपुर को भी ब्रिटिश साम्राज्य में मिला लिया। राष्ट्रीय संदर्भ की अनमोल रचना 'जय फतेहपुर' के अनुसार पर 20 जुलाई 1857 को नाना साहब ने अपनी शेष सैन्य-शक्ति और युवा क्रांतिकारियों के साथ कानपुर से आकर सुरक्षित स्थल शिवराजपुर (फतेहपुर) में शरण ली। भारत के कुछ भारतीय जासूसों ने शिवराजपुर के निकट गोपालगंज (पूर्व नाम वासुदेव खेड़ा) में नाना साहब के विद्यमान होने की गलत सूचना कर्नल नील के पास भेज दी। कर्नल नील ने 5 अगस्त को गोपालगंज में डेरा डाल दिया, किंतु गाँव की गहन तलाशी के बाद जब नाना साहब नहीं मिले, तब बेरहमी से गाँव तथा वहाँ के निवासियों को लूटा और पीटा गया। फतेहपुर जनपद के कुछ मुट्ठीभर के क्रांतिकारी अँग्रेजों की पकड़ में आ गये। उन्हें गोपालगंज के बगीचे में फाँसी पर लटका दिया गया। यह भीषण तांडव, गोली की गर्जन और जनमानस की चीत्कार किसी भी जलियाँवाले बाग से कम नहीं थी। फाँसी पर लटकाने के कारण इस बगीचे का नाम 'फसिहाबाग' रखा गया। यह गोपालगंज से 4 फलांग पश्चिम मुरादीपुर चौराहे के आगे जीटी रोड के किनारे स्थित है।

सन् 1857 के उत्तरार्ध को केंद्र में रखते हुए फतेहपुर जनपद अथवा जनपदवासी क्रांतिकारियों के द्वारा अंतिम युद्ध फतेहपुर मुख्यालय से 51 किलोमीटर दूर प्रसिद्ध ऐतिहासिक स्थल 'खजुहा' में लड़ा गया। 21 अगस्त 1857 ई. में खजुहा में लगभग 4000

क्रांतिकारी एकत्रित हुए, जिनमें से कुछ सैनिक दानापुर से तथा कुछ क्रांतिकारी जनपद बाँदा से आए हुए थे। क्रांतिकारियों का दमन करने की योजना अँग्रेज सरकार पहले ही बना चुकी थी। इसी बीच अँग्रेजो की तरफ से प्रधान सेनापति कर्नल कैम्पबेल का फतेहपुर से लेकर कानपुर जाने का कार्यक्रम बना। वह 01 नवंबर को फतेहपुर पहुँचा। उसी दिन कर्नल पावेल को यह आदेश देकर कि वह खजुहा में एकत्रित कांतिकारियों के जत्थे का दमन कर उन्हें मौत के घाट उतार दे, कानपुर चला गया। कहा जाता है कि आनन-फानन में दोनों ओर से खौफनाक युद्ध हुआ। युद्ध में कर्नल पावेल मारा गया। कर्नल पावेल के मरणोपरांत कर्नल नील ने युद्ध की बागडोर सँभाली। उसने अपने बौद्धिक कौशल से क्रांतिकारियों को तितर-बितर कर दिया। खजुहा की घनघोर पराजय के बाद परिस्थितियों को केंद्र में रखते हुए क्रांतिकारियों ने भिन्न-भिन्न दिशाओं में जाकर छापामार गुरिल्ला युद्ध करने का निर्णय लिया।

इस प्रकार सन् 1857 की क्रांति में फतेहपुर जनपद के वीरनायकों, क्रांतिकारियों, जनपदवासियों तथा दूर-दूर तक फैले हुए असंख्य ग्रामवासियों का आद्योपरांत सहयोग मिला। उनकी इस महती भूमिका को किसी भी रूप में नजरअंदाज नहीं किया जा सकता। युद्ध में केवल युद्ध लड़ने वालों का ही नहीं, अपितु जय बोलने वालों का भी महत्त्व होता है।

चतुर्थ अध्याय

सन् 1857 के बाद और 1915 ई. तक विभिन्न स्वतंत्रता-आंदोलनों में फतेहपुर जनपद का योगदान, घटनाएँ, गतिविधियाँ, आंदोलन, प्रतिक्रिया आदि

सन् 1857 की क्रांति में हिंदू और मुसलमान दोनों ने ही मिलकर कार्य किया था। इसमें सांप्रदायिकता को कोई स्थान नहीं दिया गया था, लेकिन जब यह क्रांति विविध कारणों से असफल हो गई, तो अँग्रेजों और भारतीय जनता के बीच की खाई और चौड़ी हो गई। दोनों एक-दूसरे को घृणा की दृष्टि से देखने लगे। इसके अलावा हिंदुओं और मुसलमानों के संबंध उत्तरोत्तर बिगड़ने प्रारंभ हो गए। अँग्रेज भारतीयों के प्रति अधिक क्रूर हो उठे। अकाल, दुर्भिक्ष, सूखा, महामारी आदि कुसमय में भी किसानों के लगान को दो गुना-तीन गुना कर देना अँग्रेजों के दाएँ-बाएँ हाथ का खेल हो गया। भारतीय न्यायाधीशों को यूरोपवासियों के मुकदमे की सुनवाई के अधिकार से पूर्णतः वंचित कर दिया गया। तथापि 1858 ई. में 'गवर्नमेंट ऑफ इंडिया एक्ट' के तहत कंपनी के शासन का अंत कर दिया गया, किंतु भारत का शासन सीधे इंग्लैंड के अधीन हो गया। ईसाई मिशनरियों को शासन की मंशा के अनुरूप इतनी अधिक खुली छूट दे दी गई कि वे बेरोक-टोक, चाहे-अनचाहे किसी भी भारतीय का धर्म-परिवर्तन कर सकती थीं। एक बात जरूर हुई कि 1858 ई. में महारानी विक्टोरिया के घोषणा-पत्र के अनुसार देशी नरेशों को गोद लेने के अधिकार को दिए जाने का आश्वासन दिया गया, किंतु इसी के साथ एक अन्य शर्त यह रखी गई कि देशी रियासतें पृथक-पृथक अस्तित्व में रहेंगी तथा समरसता व सौहार्द के नाम पर आपस में विलय नहीं करेंगी।

अँग्रेजों का यह परिवर्तनवादी अनुसंधान चल ही रहा था कि इधर जनपद फतेहपुर में खजुहा की पराजय के बाद क्रांतिकारियों ने छापामार (गुरिल्ला) युद्ध की तैयारी प्रारंभ कर दी। छापामार युद्ध एक लघु युद्ध होता है। यह 'मारो या भाग जाओ' के सिद्धांत पर आधारित होता है। यह युद्ध प्रायः शत्रु-सेना के पीछे अथवा पार्श्व भाग में आक्रमण करके लड़ा जाता है। इस छापामार युद्ध के पूर्वाभ्यास के लिए जहानाबाद, अमौली, दपसौरा, जोनिहा, कल्याणपुर, बंधा, कुसुंभी, ललौली-चकीवा, बरहटा, एकडला आदि गाँवों के लोग सम्मिलित हुए। रसूलपुर के गौतम क्षत्रिय जोधासिंह अटैया और उनके सेनापति महाराज

सिंह ने तहसील खजुहा (वर्तमान बिंदकी) में तथा ठा. दरियाव सिंह ने खागा (खड्ग सिंह द्वारा बसाया गया) में सैन्य-संगठन को मजबूती प्रदान की। उन्होंने नारायण राव (कर्वी, बाँदा) तथा अपने अन्य साथियों के सहयोग से पहाड़ी, तरौंहा, पुरवा, चित्रकूट आदि बाँदा जनपदीय स्थानों पर मोर्चे लगाए। तरौंहा के मोर्चे में ठा. दरियाव सिंह के चचेरे भाई बहादुर सिंह शहीद हो गए। फतेहपुर और सीमावर्ती बाँदा जनपद के क्रांतिकारियों के आवागमन तथा संवाद का सिलसिला बराबर बना रहा।

02 जनवरी सन् 1858 को चिल्ला तारा में क्रांतिकारियों का मजमा लगना प्रारंभ हो गया। इसी बीच अँग्रेजों ने अपना सैनिक अभियान तेज कर दिया। इसी सैनिक अभियान के दौरान जमरावाँ के शिवदयाल सिंह सहित 05 फरवरी को ठा. दरियाव सिंह, सुजान सिंह, निर्मल सिंह, तुरंग सिंह, बख्तावर सिंह, रघुनाथ सिंह आदि योद्धाओं को बंदी बना लिया गया। यहाँ पर छापामार युद्ध का अद्‍भुत कौशल दिखाने वाले जोधासिंह अटैया और उनके सेनापति महाराज सिंह अँग्रेजों की पकड़ से बाहर रहे। वे जनपद के दक्षिण पश्चिम में स्थित चाँदपुर में किसानों के बढ़े हुए लगान को वापस कराने का आंदोलन चला रहे थे। इसी अंतराल में 07 फरवरी 1858 ई. को कर्नल क्रिस्टिक तथा करथ्यू की संयुक्त सेना ने 'चाँदपुर' पर हमला बोला दिया। इस आकस्मिक हमले में अनेक क्रांतिकारी हताहत हुए, लेकिन जोधासिंह अटैया और उनके सेनापति महाराज सिंह वहाँ से भाग निकलने में सफल रहे। वे यमुना को तैरकर बाँदा जनपद को प्रस्थान कर गए।

सन् 1857 की क्रांति में भाग लेने और 04-05 फरवरी 1858 को बंदी बनाए गए 'दरियाव सप्तक' के बलिदान का समय धीरे-धीरे करीब आ रहा था। 06 मार्च 1858 ई. को सर्वप्रथम निर्मल सिंह और सुजान सिंह को फाँसी पर चढ़ा दिया गया। इसके पश्चात् ठा. दरियाव सिंह तथा उनके अन्य सहयोगियोंतुरंग सिंह, बख्तावर सिंह, रघुनाथ सिंह तथा शिवदयाल सिंह को फाँसी के फंदे पर लटका दिया गया। सभी की चल और अचल संपत्ति जब्त गर ली गई। इस प्रकार 'भारत माता की जय' बोलते हुए 'दरियाव सप्तक' के सातों कद्दावर क्रांतिकारी मातृभूति के लिए बलिदान हो गए। बलिदान की यह यथार्थ पहल जनपदवासियों में एक नई जिजीविषा का संचार कर गई। ठा. दरियाव सिंह के बाद क्रांति की यह आग अभी बुझी नहीं थी। अँग्रेजों को यह पता था कि अभी जोधासिंह अटैया का छापामार युद्ध असरदार गति से आगे बढ़ रहा है। यह छापामार युद्ध अँग्रेजों की घूमती हुई टोली के साथ खून की होली खेलने में जरा भी नहीं हिचकता था।

28 अप्रैल 1858 ई. को जोधासिंह अटैया अपने 51 साथियों के साथ फतेहपुर मुख्यालय से 42 किमी. दूर अर्गल (गौतम ठाकुरों की रियासत) पहुँचे। एक मुखबिर की सूचना पर कर्नल क्रिस्टाइल ने अपनी विशाल अश्वारोही सेना के साथ अर्गल को चारों ओर से घेर लिया, किंतु खजुहा के लिए पांडु नदी की ओर से जाने वाला सँकरी पगडंडी वाला रास्ता खुला था। जोधासिंह अटैया अपने 51 साथियों के साथ इसी रास्ते से निकलर रिंद नदी के किनारे पहुँच गए। अपने कपड़े और जूते उतारकर जैसे ही वे तैरकर रिंद

के उस पार जाने को हुए, वैसे ही चप्पे-चप्पे में तैनात क्रिस्टाइल के घुड़सवार सैनिकों ने उन्हें चारों तरफ से घेर लिया और बंदी बना लिया तथा खजुहा के पास इमली के पेड़ में लटकाकर 28 अप्रैल को ही सायंकाल फाँसी दे दिया। शहीदी पराक्रम के ताने-बाने और वेश-विन्यास से जुड़ी हुई फतेहपुर (उ.प्र.) की 'बावनी इमली' अत्यंत प्रख्यात है। यहाँ पर इमली का (अम्लिका) का अत्यंत पुराना पेड़ है, जहाँ पर 28 अप्रैल 1858 को गौतम ठाकुर जोधासिंह अटैया और उनके 51 साथियों को अँग्रेजों द्वारा पेड़ पर लटकाकर निर्दयता पूर्वक फाँसी दे गई थी। प्रत्येक क्रांतिकारी के गले फाँसी का फंदा डाल इमली की शाखा से बाँध दिया जाता था और घोड़े में बिठाकर आगे बढ़ा दिया जाता था। इस प्रकार वीर फाँसी पर लटक जाते थे। यह इमली का पेड़ आज भी मौजूद है। राष्ट्रीय संचेतना के लोकप्रिय कवि मधुसूदन दीक्षित के शब्दों में—

बिंदकी व खजुहा के मध्य पारादान की भू,
आज भी खड़ा वही पे इमली का वृक्ष है,
वीर जवानों को वही फाँसी पे चढ़ाया गया,
साक्ष्य वन आज भी खड़ा वो मानों पक्ष है।''

—जोधा सिंह अटैया बावनी, छंद-13

लोगों का विश्वास है कि 52 लोगों के नरसंहार के बाद इमली के इस पेड़ का विकास प्रायः अवरुद्ध हो गया है। बावनी इमली के नाम से निर्मित 'शहीद स्मारक' उ.प्र. के फतेहपुर जिले के खजुहा नामक कस्बे के निकट गवाह के रूप में आज भी वर्तमान है। इन 51 शहीदों में काफी खोजबीन के बाद बंदीजन पांडेय, कोरसम तथा कँधई, देवरी बुजुर्ग के नाम प्रकाश में आए हैं, अभी तक अन्य साथियों का पता नहीं चला, शोध जारी है। लोकनाथ पांडेय ने अपनी पुस्तक 'फतेहपुर और स्वतंत्रता-संग्राम' में लिखा है— "बावनी इमली शहीद स्थल पर लगे शिलालेख में अंकित नाम अमर शहीदों के नहीं हैं, बल्कि स्वतंत्रता संग्राम सेनानियों के हैं। यही अभिमत जिले के अन्य विद्वानों का भी है।"

'बावनी इमली कांड' में बर्बरता की चरम सीमा यह रही है कि अँग्रेजों ने शवों को पेड़ से उतारने नहीं दिया, बल्कि क्रिस्टाइल के द्वारा यह फरमान जारी कर दिया गया कि जो इन्हें उतारेगा, उन्हें भी यही परिणाम भुगतना होगा। कई दिनों तक ये शव पेड़ से झूलते रहे, चील-कौवे नोंच-नोंच खाते रहे।

उन्हीं दिनों जोधासिंह अटैया के सेनापति महाराज सिंह, जो अभी तक अँग्रेजों द्वारा पकड़े नहीं जा सके थे, गंगा पर अपनी सैन्य शक्ति का संचालन कर रहे थे। बावनी इमली का यह अमानवीय समाचार पाते ही महाराज सिंह 16 मई 1858 ई. को 3000 सैनिकों के साथ शिवराजपुर आए और क्रांतिकारियों के लटके हुए शवों का दाह-संस्कार करने की प्रतीक्षा करते रहे। लंबी प्रतीक्षा के बाद मौका पाते ही 03-04 जून की मध्यरात्रि को उन्होंने पेड़ से लटकते हुए अस्थिपंजरों को उतरवाया और शिवराजपुर के पास गंगाजल में प्रवाहित कर दिया।

16 मई 1558 को खखरेडू के आस-पास के क्रांतिकारियों ने खखरेः तहसील को लूट लिया। इस प्रकार सितंबर 1858 के अंत तक अधिकांश क्रांतिकारी या तो पकड़े गए या फिर फाँसी के फंदे पर लटका दिए गए। कुछ क्रांतिकारी अज्ञात रूप से इतस्ततः विचरण करते रहे।

अँग्रेजों के शासनकाल में ईसाई मिशनरियाँ धर्मांतरण को लेकर अपनी पराकाष्ठा को लाँघ चुकी थीं। भारतीय धर्मों की निंदा करना उनका नैसर्गिक व्यवसाय बन गया था। इन्हीं कटुताओं के फलस्वरूप भारतवर्ष में सामाजिक सुधार आंदोलन की एक नई चिंगारी फूट पड़ी। यहाँ पर भी धार्मिक और सामाजिक सुधार को लेकर अनेक प्रकार की संस्थाएँ बनीं और उन संस्थाओं के माध्यम से विभिन्न प्रकार के आंदोलन चलाए गए। इन आधा दर्जन संस्थाओं में स्वामी दयानंद सरस्वती द्वारा सन् 1875 में बम्बई में स्थापित 'आर्य समाज' तथा आयरिश महिला श्रीमती एनी बेसेंट द्वारा सन् 1883 के बाद भारत में स्थापित 'थियोसोफिकल सोसाइटी' का नाम अग्रगण्य हैं। धार्मिक और सामाजिक सुधार को लेकर इन संस्थाओं का तो महत्त्व है ही, जनजागरण और राज-नैतिक चेतना जाग्रत करने में ये संस्थाएँ सदैव अग्रणी रही हैं। यद्यपि ये संस्थाएँ स्वतंत्रता आंदोलन की घटक नहीं हैं, किंतु इन आंदोलनों को नई धार देने में इनकी भूमिका सदैव प्रशंसनीय रही है। सही अर्थों में अगर देखा जाए, तो इन्हीं का संबल लेकर जनपद फतेहपुर में स्वतंत्रता-संग्राम का सूत्रपात हुआ। 03 जनवरी 1899 में कर्जन भारत का वायसराय बनकर आया और अपने साथ 'फूट डालो और शासन करो' का दोमुँहा महामंत्र भी लेकर आया। उसने इसका प्रथम प्रयोग मुसलमानों पर किया और मुसलमानों व हिंदुओं के बीच भेद की मजबूत दीवार खड़ी करने के लिए बंगाल विभाजन का विज्ञापन जारी कर दिया। राजनीतिक जागरण और आंदोलन के इस केंद्र को कमजोर करने के उद्देश्य से कर्जन ने बंगाल के दो टुकड़े कर दिए। जिसका विरोध बंगाल की जनता ने गंगाजल पीकर 'वन्देमातरम्' का गीत गाकर किया। इसके पहले 28 दिसंबर 1885 में ए.ओ. ह्यूम के द्वारा 'भारतीय राष्ट्रीय काँग्रेस' की स्थापना हो चुकी थी। यह एक लोकवादी संस्था थी। इस यंत्र के माध्यम से राजनीतिक गतिविधियों की जानकारी पूरे भारतीयों को मिलती रहती थी। सन् 1905 के 'बंग-भंग' की समस्त आंतरिक कूटनीतिक जानकारी भारतीय राष्ट्रीय कांग्रेस के माध्यम से ही सुलभ हो पाई थी। बंग-भंग से प्रभावित होकर सन् 1906 में काँग्रेस अध्यक्ष दादा भाई नौरोजी ने 'स्वराज' का लक्ष्य घोषित किया। कलकत्ता के इस अधिवेशन में विदेशी वस्तुओं के बहिष्कार और स्वदेशी वस्तुओं के इस्तेमाल का नारा दिया, जिसका प्रभाव पूरे भारत के साथ-साथ जनपद फतेहपुर में भी पड़ा। इस प्रकार अखिल भारतीय स्तर पर प्रसारित 'आर्य समाज' तथा 'स्वराज्य' की परिकल्पना ने जनपद फतेहपुर को सर्वाधिक रूप से प्रभावित किया।

डॉ. ओमप्रकाश अवस्थी द्वारा संपादित 'अनुवाक' में चंद्रपाल सिंह का 'राष्ट्रीय आंदोलन एवं फतेहपुर जनपद' नाम से एक लेख छपा है, जिसमें विदेशी वस्तुओं के

बहिष्कार, स्वदेशी प्रचार तथा राष्ट्रीय शिक्षा के प्रस्ताव कार्यक्रम को लेकर सर्वप्रथम जनपद फतेहपुर में एक संन्यासी के पधारने का उल्लेख मिलता है। इस लेख में उस संन्यासी का नामोल्लेख नहीं किया गया है। उस संन्यासी ने लाला श्रीराम के यहाँ एक महत्त्वपूर्ण बैठक की, जिसमें नगर के प्रतिष्ठित, सम्मानित, बौद्धिक, विद्यार्थी वर्ग एवं अन्य भद्र पुरुषों ने भाग लिया। इससे प्रभावित होकर उप विद्यालय निरीक्षक देवीप्रसाद नागर ने सन् 1906 में जनपद फतेहपुर में 'आर्य समाज' की स्थापना की। सार्वजनिक निर्माण विभाग के प्रधान लिपिक दलगंजन सिंह इस संगठन के अध्यक्ष बने तथा खुझौली (कानपुर) निवासी सेवानिवृत्त कानूनगो शिवरतन सिंह उस प्रारंभिक संगठन के मंत्री नियुक्त हुए। इसके अलावा सूरजदीन, दुर्गाप्रसाद, मथुराप्रसाद, सुखदेवप्रसाद, जयंतीप्रसाद आदि को कार्यकर्त्ता के रूप में प्रमुख स्थान दिया गया। आर्य समाज की गतिविधियों से संबंधित समस्त बैठकें प्रायः हजारीलाल फाटक में संपन्न हुआ करती थीं। ईसाई मिशनरियों के माध्यम से धर्मांतरण की जो गति तीव्रतर हो रही थी, उसे इस आर्य समाज संस्था ने पूरी तरह से रोकने का प्रयास किया।

इस संस्था के सभी कर्मठ सदस्यों और कार्यकर्ताओं ने आर्य-समाज के सिद्धांतों को दूर-दूर तक फैलाते हुए परंपरागत जाति-व्यवस्था की विरोध किया तथा दलित जातियों के उद्धार के लिए सक्रिय प्रयास किया। उन्होंने तर्क देकर सिद्ध किया कि वेदों में कहीं छुआ-छूत का उल्लेख नहीं है। उन्होंने विधवा-विवाह को प्रोत्साहन दिया, बाल-विवाह, बहु-विवाह, अनमेल विवाह तथा दहेज प्रथा आदि सामाजिक कुरीतियों का विरोध किया। आत्मचेतस् से विश्वचेतस् की ओर प्रस्थान करना तथा अपनी भलाई में ही संतुष्ट न रहकर सब की भलाई में अपनी भलाई समझना इस संस्था का प्रमुख लक्ष्य था। आगे चलकर इस संस्था के कार्यकर्ताओं के सहयोग से जनपद फतेहपुर के 'हजारीलाल फाटक' के अलावा अन्य प्रमुख स्थानों पर भी बैठकों, सभाओं और संगोष्ठियों का आयोजन होने लगा।

स्वतंत्रता संघर्ष की प्रमुख घटनाओं के परिप्रेक्ष्य में फतेहपुर जनपद की भूमिका

स्वतंत्रता संघर्ष के प्रमुख घटनाओं में 'स्वदेशी आंदोलन' एक प्रमुख आंदोलन था। भारतीय स्वतंत्रता आंदोलन का यह एक अति विलक्षण आत्मशोधी दर्शन भी था। स्वदेशी का अर्थ है—'अपने देश का'। इस दर्शन का प्रधान लक्ष्य ब्रिटेन में बने माल का बहिष्कार करना तथा भारत में निर्मित माल का अधिक से अधिक प्रयोग करके साम्राज्यवादी ब्रिटेन को आर्थिक नुकसान पहुँचाना तथा भारत के लोगों को रोजगार के सुअवसर प्रदान करना था। यह विदेशी शासन को उखाड़ फेंकने का एक सराहनीय साधन और दर्शन था। 1905 ई. में बंगाल-विभाजन के बाद इस स्वदेशी आंदोलन को बहुत बल मिला और सन् 1911 तक यह अनवरत् चलता रहा। महात्मा गाँधी दक्षिण अफ्रीका से सन् 1915 में भारत लौटे थे, किंतु उनके भारत-पदार्पण के पूर्व के सभी आंदोलनों में से यह

सर्वाधिक सफल आंदोलन था। आगे चलकर यही स्वदेशी आंदोलन महात्मा गाँधी के स्वतंत्रता आंदोलन का भी एक प्रमुख हिस्सा बन गया था। गाँधीजी ने इसे 'स्वराज की आत्मा' नाम दिया था।

स्वदेशी का यह विचार कोई नया नहीं था। इसका प्रथम नारा सन् 1872 में बंकिमचंद्र चट्टोपाध्याय ने दिया था। उन्होंने 'बंग दर्शन' में विज्ञान सभा का प्रस्ताव रखते हुए कहा था–

"...जो विज्ञान स्वदेशी होने पर हमारा दास होता है, वह विदेशी होने के कारण हमारा प्रभु बन बैठा है, हम लोग दिन-ब-दिन साधनहीन होते जा रहे हैं। अतिथिशाला में आजीवन रहने वाले अतिथि की तरह हम लोग प्रभु के आश्रम में पड़े हैं। यह भारत भूमि भारतीयों के लिए भी एक विराट अतिथिशाला बन गई है।"

इसके बाद भोलानाथचंद्र ने सन् 1874 में शंभुचंद्र मुखोपाध्याय द्वारा प्रवर्तित 'मुखर्जीज मैगजीन' में स्वदेशी का नारा दिया था। कुल मिलाकर 'स्वदेशी आंदोलन' एक ऐसा शाश्वत आंदोलन है, जिसने अपनी यात्रा आजादी से पहले से प्रारंभ की थी और आजादी के बाद भी अद्यतन चल रही है।

साहित्य के क्षेत्र में उन दिनों आचार्य महावीरप्रसाद द्विवेदी द्वारा संपादित 'सरस्वती' पत्रिका का अपना अलग रुतबा था। उसमें किसी लेख या कविता के छप जाने से रचनाकर बन जाने की दावेदारी सिद्ध हो जाती थी। जुलाई 1903 की श्सरस्वती' पत्रिका में 'स्वदेशी वस्त्र का स्वीकार' शीर्षक से एक कविता छपी थी। उसमें रचनाकार का नाम नहीं था। कुछ अध्येताओं का विचार है कि वह कविता स्वयं महावीरप्रसाद द्विवेदी की थी। कुछ भी हो, कविता का एक अंश इस प्रकार है–

विदेशी वस्त्र हम क्यों ले रहे हैं?
वृथा धन देश का क्यों दे रहे हैं?
अरे भाई! अरे प्यारे! सुनो बात,
स्वदेशी वस्त्र से शोभित करो गात।।

इन स्वदेशी आंदोलनों का फतेहपुर जनपदवासियों पर भी प्रभाव पड़ा। उन दिनों जनपद फतेहपुर के एक अँग्रेजी स्कूल में चंद्रदेव और श्रीधरराम गोरे नामक दो अध्यापक थे। चंद्रदेव बंगाली तथा श्रीधरराम गोरे महाराष्ट्रियन थे। चंद्रदेव बांग्ला दैनिक समाचार पत्र मँगाते थे तथा श्रीधरराम गोरे मराठी में छपा हुआ 'केसरी' साप्ताहिक पत्र मँगाते थे। दैनिक बांग्ला प्रतिदिन की घटित घटनाओं तथा 'केसरी' स्वतंत्रता-आंदोलन को गति देने वाला समाचारपत्र था। वे दोनों ही भद्र पुरुष बंगाल और महराष्ट्र में स्वतंत्रता-आंदोलन को लेकर घटित होने वाले राजतिक घटनाचक्र की पूरी जानकारी रखते थे। स्वभाव और वैचारिकता से दोनों ही काँग्रेस की गरमदल की नीतियों के समर्थक थे। इन्होंने विद्यार्थियों को भी अपनी-अपनी कक्षाओं में राष्ट्रीय कार्यक्रमों और स्वतंत्रता-आंदोलन से जुड़ी अनेक खबरों की जानकारी देना प्रारंभ कर दिया। एक बार वे किसी प्रकरण को लेकर अपने

विद्यालय के विद्यार्थियों को परीक्षा दिलाने इलाहाबाद (वर्तमान प्रयागराज) ले गए। उन दिनों राष्ट्रीय आंदोलन को लेकर जगह-जगह अनेक संभाषण और गोष्ठियाँ हुआ करती थीं। परीक्षा के बाद दोनों ही अध्यापक उन विद्यार्थियों को किसी 'संभाषण-समारोह' में ले गए। कहा जाता है कि उच्च स्तर के नेताओं के भाषण सुनकर वे विद्यार्थी बहुत प्रभावित हुए। विदेशी वस्तुओं के बहिष्कार, स्वदेशी वस्तुओं के स्वीकार, बंग-भंग आंदोलन आदि विषयक वक्तत्व-कला सुनकर छात्रों ने विदेशी पेन्सिल, पेन, सूत से बने कपड़े, दंत-मंजन, घड़ियाँ, नमक आदि का परित्याग कर दिया और उनके स्थान पर स्वदेशी अपनाने का संकल्प लिया।

जनपद फतेहपुर के मथुराप्रसाद, राधिकाशरण, अवधबिहारी लाल आदि अपने समुचित अध्ययन हेतु इलाहाबाद (वर्तमान प्रयागराज) गए, लेकिन जब इन्होंने देखा कि स्वदेशी आंदोलन निरंतर प्रखरता के साथ आगे बढ़ रहा है, तो उन्होंने अपनी पढ़ाई छोड़ दी और स्वदेशी के मनभावन रंग में रँग गए। मुंशी प्रेमचंद के 'सोजेवतन के तर्ज पर राधिकाशरण के 'तोहफे स्वदेशी' की सारी प्रतियाँ जला दी गईं और सभी छात्रों को चेतावनी दी गई कि वे इस आंदोलन से प्रायः दूर रहें। विद्यालय की तरफ से उन्हें चेतावनी भरी धमकियाँ दी गईं कि यदि वे स्वदेशी आंदोलनों से अपने को विरत नहीं रखते ,तो उन्हें अनुत्तीर्ण कर दिया जाएगा। छात्रों पर इन घुड़कियों और भय-दर्शन का कोई प्रभाव नहीं पड़ा। इसी समय 'झंडा ऊँचा रहे हमारा' के रचनाकार नरवल, कानपुर निवासी श्यामलाल गुप्त 'पार्षद' (जन्मभूमि कानपुर, कर्मभूमि फतेहपुर) का उन सभी छात्रों ने ओजस्वी भाषण सुना। फिर क्या था—''का चुपि साधि रहा बलवानाष की तर्ज पर उनकी आंदोलनकारी गति और तीव्र हो गई, पुलिस छापे पड़ने लगे, लकिन स्वदेशी के मतवाले गयंद की तरह अपनी चाल चलते रहे। इस प्रकार स्वदेशी आंदोलन के प्रारंभिक चरण में जनपद फतेहपुर के छात्रों की भूमिका बड़ी अतुल्य और अनुपमेय रही।

जनपद मुख्यालय के ईशानकोण में स्थित 'हथगाम' से जुड़ाव रखने वाले गणेशशंकर विद्यार्थी केवल जनपद फतेहपुर के ही नहीं, अपितु अखिल भारत के महान स्वतंत्रतासंग्रामसेनानी थी। वे जनपदवासियों में हमेशा स्वतंत्रता के प्रति प्राण फूँकने का काम किया करते थे। वे एक निडर और निष्पक्ष पत्रकार, समाजसेवी, लेखक, स्वतंत्रतासेनानी, उच्चकोटि के वक्ता और कुशल राजनीतिज्ञ थे। उनकी इसी लेखकीय वृत्ति के कारण आचार्य महावीरप्रसाद द्विवेदी ने 'सरस्वती' पत्रिका में सहायक के रूप में काम करने के लिए अनुरोध किया था, उस अनुरोध को विद्यार्थी जी ने स्वीकार भी किया था। कुछ समय बाद 'सरस्वती' पत्रिका से अवकाश लेकर 'अभ्युदय' के सहायक संपादक रहे। इसके बाद सन् 1913 में कानपुर से स्वयं अपना हिंदी साप्ताहिक पत्र 'प्रताप' निकाले। 'प्रताप' मूलरूप से किसानों और मजदूरों का हिमायती पत्र रहा। वे काँग्रेस के विभिन्न आंदोलनों में भाग लेने तथा अँग्रेज अधिकारियों के विरोध में लेख लिखने के कारण पाँच बार जेल गए। कानपुर के एक सांप्रदायिक दंगे में 25 मार्च 1931 को इस

महान क्रांतिकारी की हत्या कर दी गई। गणेशशंकर विद्यार्थी ने अँग्रेजों के वीभत्स और क्रूर अत्याचारों-मतभेदों को भूलकर एक झंडे के नीचे इकट्ठा होने का संदेश दिया था। इसी का परिणाम है कि उनके नाम को अजर और अमर करने के लिए भारत सरकार की तरफ से पत्रकारिता के क्षेत्र में कमाल हासिल करने वाले प्रबुद्ध व्यक्ति को प्रतिवर्ष 'गणेशशंकर विद्यार्थी' पुरस्कार दिया जाता है। उनकी यादगार को चिरसंचित बनाए रखने के लिए उन्हीं के नाम से उनके पूर्वजों के निवास 'हथगाम' में एक शिक्षण-संस्थान खोला गया था, जो आज भी 'गणेशशंकर विद्यार्थी इंटर कॉलेज' के नाम से संचालित है।

सन् 1914 में प्रथम विश्वयुद्ध प्रारंभ हो गया था। ऐसी विषमकालीन परिस्थिति में भारत के कुछ जनपदों में स्वतंत्रता-आंदोलन कुछ काल के लिए भले ही स्थगित हो गया हो, किंतु जनपद फतेहपुर के निवासियों ने गणेशशंकर विद्यार्थी के ओजपूर्ण व्यक्तित्व से प्रेरणा लेकर 'आंदोलन की प्रज्ज्वलित आग को कभी बुझने नहीं दिया।

पंचम अध्याय

सन् 1915-1924 ई. के बीच जनपद फतेहपुर की स्थिति-परिस्थिति और खिलाफत आंदोलन (सन् 1919-1924 ई.)

दिनांक 31 अगस्त 1826 ई. को फतेहपुर जनपद की स्थापना के अट्ठासी वर्ष बाद प्रथम विश्वयुद्ध (28 जुलाई 1914 से लेकर 11 नवंबर 1918 ई.) के बीच घटित हुआ था, जिसमें यूरोप के अधिकतर देशों के साथ-साथ रूस, अमेरिका और तुर्की ने भी भाग लिया था। यह युद्ध अधिकांशतः मध्यपूर्व, अफ्रीका और एशिया के कुछ हिस्सों में लड़ा गया था और कहा जाता है कि इसमें अपने भारत के लगभग 13 लाख सैनिकों ने भाग लिया था। स्वराज-प्राप्ति की प्रत्याशा में भारतीय राष्ट्रीय काँग्रेस ने ब्रितानी सरकार की मदद की थी, किंतु युद्ध समाप्ति के बाद सरकार दगाबाजी कर गई थी। इसके विपरीत ब्रितानी सरकार ने 13 अप्रैल 1919 को अमृतसर में घटित जलियाँवाला बाग कांड के द्वारा भारतीयों को ऐसा जख्म दे दिया था, जो आज भी हरा है। फतेहपुर जनपद के भी सैनिक प्रथम विश्वयुद्ध में थे या नहीं, अभी तक इसकी जानकारी मिलनी शेष है। यह अवश्य है कि सन् 1915 ई. में दक्षिण अफ्रीका से महात्मा गाँधी के भारत लौटने के पश्चात् बाल गंगाधर तिलक द्वारा चलाए जा रहे स्वाधीनता आंदोलन में तेजी आई और गाँधी के सत्याग्रह व अहिंसा के प्रयोगों की एक नई जमीन तैयार होने लगी थी।

09 जुलाई 1915 को हाथरस में जन्मे राजा महेंद्रप्रताप सिंह (01 दिसंबर 1886-29 अप्रैल 1979) ने जब अफगानिस्तान में अस्थायी सरकार बनाई, जो सन् 1915 से 1919 ई. तक अस्तित्व में रही थी, तो उन्होंने मौलाना बरकतउल्ला भोपाली (07 जुलाई 1854-20 सितंबर 1927) को प्रधानमंत्री नियुक्त किया था। भारतीय पुरातात्विक सर्वेक्षण के पुरावशेष और कला खजाना (antiquities and art treasures) विभाग, आगरा के सेवानिवृत्त उपनिदेशक डॉ. कृष्णकुमार ने डॉ. ओउमप्रकाश अवस्थी के प्रधान संपादन में 2013 में साहित्य रत्नालय, गिलिस बाजार, कानपुर से प्रकाशित श्अनुकाल' में प्रकाशित अपने लेख 'Fatehpur District in Historical Perspective (From Neolithic up to 1947' (के पृष्ठ 14) में मौलाना बरकतउल्ला भोपाली को फतेहपुर जिले के कोट गाँव का वासी बताया है। कोट गाँव जनपद फतेहपुर के लगभग दक्षिणी छोर पर यमुना नदी से कुछ दूरी पर तेरहवीं सदी से बसा हुआ है।

सन् 1916 ई. का वर्ष फतेहपुर जनपद के लिए विशेष महत्त्व का है। लखनऊ में सन् 1916 में हुए काँग्रेस और मुस्लिम लीग के संयुक्त अधिवेशन में फतेहपुर से उमाशंकर वकील सम्मिलित हुए। सन् 1916 में ही गणेशशंकर विद्यार्थी (26 अक्टूबर 1890-25 मार्च 1931) की पहल पर फतेहपुर में काँग्रेस की सक्रियता बढ़ी और तत्पश्चात् यहाँ काँग्रेस की इकाई के गठन का मार्ग प्रशस्त हुआ। गणेशशंकर विद्यार्थी का पैतृक निवास-स्थान उत्तरप्रदेश के जनपद फतेहपुर के हथगाम (हथगाँव) नामक कस्बे में स्थित है। यह अलग बात है कि उनकी आरंभिक शिक्षा मध्यप्रदेश के गुना जनपद में और बाद की शिक्षा कानपुर व इलाहाबाद में हुई। उनका जन्म उनके ननिहाल (अतरसुइया, इलाहाबाद) में हुआ, जबकि उनकी कर्मस्थली अधिकांशतः कानपुर रही। 'सरस्वती', 'अभ्युदय' और अंततः 'प्रताप' जैसे पत्र-पत्रिकाओं के माध्यम से उन्होंने पत्रकारिता की कसौटी और ऊँचाई स्थापित की।

"विजयी विश्व तिरंगा प्यारा, झंडा ऊँचा रहे हमारा।" 'झंडा-गीत' लिखने वाले कानपुर के नरवल निवासी श्यामलाल गुप्त 'पार्षद' भी गणेशशंकर विद्यार्थी के साथ इसी समय फतेहपुर में काँग्रेस को सक्रिय करने में शामिल हो गए, जो सन् 1920 ई. में फतेहपुर जनपद के काँग्रेस के अध्यक्ष बनाए गए थे। विद्यार्थी जी की प्रेरणा से ही उन्होंने अमर 'झंडा-गीत' लिखा था, जिसे गुजरात के सूरत जिले के हरिपुरा में 1938 ई. में हुए काँग्रेस के अधिवेशन में 'झंडा-गीत' के रूप में स्वीकार किया गया था। विद्यार्थी जी और पार्षद जी के साथ उमाशंकर वकील भी काँग्रेस की गतिविधियों के सूत्रपात में सक्रिय हुए। 01 अगस्त 1920 को बम्बई में हुई बाल गंगाधर तिलक की मृत्यु के पश्चात् हुई श्रद्धांजलि सभा में डॉ. मुरारीलाल द्वारा काँग्रेस की फतेहपुर इकाई की कार्यकारिणी का विधिवत गठन किया गया था। इसमें श्यामलाल गुप्त 'पार्षद' को अध्यक्ष, वंशगोपाल वकील को मंत्री तथा अवधबिहारी को कोषाध्यक्ष बनाया गया था। श्रद्धांजलि सभा वाले दिन ही लाला बृजगोपाल की दुकान पर तिलक पुस्तकालय की भी स्थापना हुई थी। यह कार्यक्रम फतेहपुर नगर के चौक बाजार स्थित हजारीलाल फाटक में हुआ था, जो आज भी अपनी पूरी शान के साथ विद्यमान है। इसी कार्यक्रम में डॉ. मुरारीलाल ने ओजस्वी भाषण देते हुए अँग्रेजी सत्ता द्वारा दी गई 'रायबहादुर' की अपनी उपाधि भी छोड़ी थी।

प्रथम विश्व युद्ध में मित्र देशों से तुर्की को मिली हार के परिणामस्वरूप विश्वव्यापी मुस्लिम असंतोष पैदा हुआ, जिसे 'खिलाफत आंदोलन' का नाम दिया गया था और पूरे भारत में इसके सम्मेलन 27 अक्टूबर 1919 को किए गए थे। यहीं से भारत में 'खिलाफत आंदोलन' (1919-1922 ई.) की शुरुआत मानी जा सकती है, जिसमें भारतीय मुस्लिमों के एक बहुसंख्यक वर्ग ने राष्ट्रीय स्तर पर प्रतिभाग किया था। मौलाना मुहम्मद अली, शौकत अली और अबुल कलाम आजाद के सहयोग से 1918-1919 ई. के मध्य 'खिलाफत आंदोलन' भारत में जोर पकड़ता चला गया, जिसके फलस्वरूप

सितंबर, 1919 ई. में 'खिलाफत समिति' का गठन हुआ। गाँधीजी ने खिलाफत आंदोलन को हिंदू-मुस्लिम एकता के लिए उपयोगी जानकर मुस्लिमों के प्रति अपनी सहानुभूति प्रकट की और बाद में उन्हें असहयोग आंदोलन से जुड़ने के लिए प्रेरित किया। 1919 ई. में महात्मा गाँधी ने 'अखिल भारतीय खिलाफत समिति' का अधिवेशन किया और इसकी अध्यक्षता भी उन्होंने की। गाँधीजी के आह्वान पर ही असहयोग एवं स्वदेशी की नीति को अपनाया गया। गाँधीजी की पहल पर एक शिष्टमंडल डॉ. मुख्तार अहमद अंसारी के नेतृत्व में वायसराय से मिलने इंग्लैंड गया। इसी की कड़ी में मार्च, 1920 ई. में इलाहाबाद (प्रयागराज) में हिंदुओं व मुस्लिमों की संयुक्त बैठक में 'असहयोग' के अस्त्र को अपनाए जाने का ऐतिहासिक निर्णय लिया गया था और इस तरह गाँधीजी 'खिलाफत आंदोलन' के साथ ' असहयोग आंदोलन' को जोड़ने में सफल हो गए थे।

'खिलाफत आंदोलन' ने विवाद पैदा किया, किंतु साथ ही मजबूत राय भी पैदा की। राजनीतिक विश्लेषकों ने इसे एक अखिल इस्लामवादी और कट्टरपंथी मंच पर आधारित राजनीतिक आंदोलन माना है। 'खिलाफत आंदोलन' के आलोचक काँग्रेस के साथ उसके गठबंधन को देश की स्वतंत्रता के तत्कालीन प्रयासों के पक्ष में नहीं देखते हैं, जबकि इसके समर्थक इसे उस समय की ऐसी प्रभावशाली घटना के रूप में देखते हैं, जिसने भारत को स्वतंत्र करवाने की दिशा में 'असहयोग आंदोलन' को जन्म दिया तथा हिंदू-मुस्लिम संबंधों को सुधारने में एक प्रमुख कारक बना। वहीं पाकिस्तान और मुस्लिम अलगाववाद के समर्थक इस आंदोलन को अलग मुस्लिम राज्य की स्थापना की दिशा में एक बड़े कदम के रूप में आँकते हैं। मौलाना मुहम्मद अली और मौलाना शौकत अली बंधुओं को पाकिस्तान का संस्थापक-पिता माना जाता है, जबकि आजाद, डॉ. अंसारी एवं हकीम अजमल खान को भारत में राष्ट्रीय नायकों के रूप में व्यापक मान्यता मिली है। आलोचकों का एक तर्क महत्त्वपूर्ण है कि इस आंदोलन से मालाबार विद्रोह जैसी घटनाएँ जुड़ी हैं, जिनमें बड़े पैमाने पर हिंदुओं की हत्याएँ की गईं। संदर्भः- सी. गोपालन नायर : मोपला विद्रोह, 1921, कालीकट : नॉर्मन प्रिंटिंग ब्यूरो (1923), पृष्ठ 7-8,

'असहयोग आंदोलन' के साथ संयुक्त होकर शखिलाफत आंदोलन' भारत में 1922 ई. में ही समाप्त हो गया था, जबकि वैश्विक स्तर पर यह 1924 ई. में तुर्की में 'कमाल पाशा' की सरकार द्वारा खलीफा के पद को समाप्त करने के बाद खत्म हो गया था।

1919 ई. का जलियाँवाला बाग कांड

बात 13 अप्रैल 1919 के वैशाखी पर्व के दिन की है, जिस दिन भारत में 'खिलाफत आंदोलन' के शुरू होने से पहले ही अमृतसर के जलियाँवाला बाग में मार्च 1919 में ब्रिटिश संसद द्वारा पारित और लागू किए गए रौलट एक्ट के विरोध में अमृतसर के जलियाँवाला बाग में एक जनसभा आयोजित करने की घोषणा की गई थी। 06 अप्रैल

1919 से गाँधीजी द्वारा पहले ही सत्याग्रह शुरू कर दिया गया था। उस दुर्भाग्यपूर्ण दिन में पहले तो लोगों को वहाँ एकत्रित होने दिया गया और जब मैदान में हजारों की संख्या में लोग इकट्ठे हो गए, तो ब्रिगेडियर जनरल रेजीनॉल्ड एडवर्ड हैरी डायर बख्तरबंद गाड़ियों में अपनी सेना के साथ वहाँ जा पहुँचा। बिना कोई चेतावनी दिए उसने निहत्थे व शांतिपूर्ण ढंग से सभा कर रहे लोगों पर गोलीबारी करने का आदेश दे दिया। यह भी दुर्भाग्यपूर्ण था कि जलियाँवाला बाग का मैदान चारों तरफ से बंद था और केवल एक सँकरा रास्ता ही बाहर जाने के लिए था, जिस पर डायर के सैनिक तैनात थे। शहर से बाहरी ओर होने के कारण वहाँ एकत्र हुए लोगों को यह पता ही नहीं लग सका था कि उस इलाके में मार्शल लॉ लागू किया जा चुका है। इस जघन्य हत्याकांड में मरने वाले भारतीयों की संख्या बहुत अधिक थी। डायर द्वारा निहत्थे लोगों के साथ ऐसा करने का उद्देश्य अनैतिक था और सत्याग्रही लोगों के अंदर अपना व अँग्रेजी सत्ता का डर एवं आतंक की भावना पैदा करना था। इतनी भारी संख्या में निर्दोष लोगों के हताहत होने के कारण गाँधीजी ने देर से ही सही, असहयोग आंदोलन चलाया। यद्यपि इससे पहले भी आँग्ल सरकार द्वारा भयंकर नरसंहार करवाए जा चुके थे, किंतु यह हत्याकांड भारत के लोगों को आज भी पीड़ा पहुँचाता है। उस समय दर्द से छटपटाते भारतीय रोष में भरकर सड़कों पर उतर पड़े, हड़तालें कीं और सरकारी इमारतों पर हमले करने लगे, जिससे जगह-जगह पर उनकी भिड़ंत पुलिस से हुई। कहा जाता है कि फतेहपुर के लोगों ने भी आतंकित और अपमानित करने वाले ब्रिटिश सरकार के इस क्रूरतापूर्ण अमानवीय कृत्य की भर्त्सना की थी तथा विभिन्न प्रकार से विरोध जताया था, जिसका नेतृत्व डॉ. मुरारीलाल, उमाशंकर वकील और बाबू वंशगोपाल आदि ने किया था। तत्कालीन ब्रिटिश सत्ता ने इन विरोधों को निर्ममता से कुचला था, जिससे फतेहपुर सहित पूरे देश में विरोध बढ़ता ही गया था। ऐसा माना जाता है कि निहत्थे बूढ़ों, महिलाओं, युवाओं और बच्चों सहित इस वीभत्स हत्याकांड में लगभग डेढ़ हजार से भी अधिक लोग मारे गए थे और दो हजार से ज्यादा लोग घायल हुए थे। इतिहासकारों का कहना है कि 10 मिनट में 1650 गोलियाँ चली थीं और 120 लोगों के शव उस मैदान में स्थित उस कुएँ से निकाले गए थे, जिसमें अपनी जान बचाने के लिए लोग कूद गए थे। इतना ही नही, आततायियों ने हत्याकांड के बाद कर्फ्यू लगा दिया गया था, जिसके कारण अनेक घायल लोग समय पर अस्पताल नहीं पहुँच सके और दम तोड़ दिए। जलियाँवाला बाग की दीवारों पर गोलियों के निशान आज भी देखे जा सकते हैं। यहाँ यह भी जानना जरूरी है कि पंजाब के तत्कालीन गवर्नर माइकल ओ' डायर ने भारतीयों को सबक सिखाने का आदेश दिया था। बाद में लंदन में 13 मार्च 1940 को ऊधमसिंह ने माइकल ओ' डायर को मारकर उससे उसकी क्रूरता का बदला ले लिया था। इससे पहले 1920 में ही विश्वव्यापी निंदा के दबाव के परिणामस्वरूप ब्रिटिश सरकार को जलियाँवाला बाग-हत्याकांड की निंदा का प्रस्ताव पारित करना पड़ा था और हत्याकांड

के दोषी ब्रिगेडियर जनरल रेजीनॉल्ड डायर को त्यागपत्र देना पड़ा था। प्राकृतिक कारणों से ही उसकी मृत्यु 1927 ई. में हो चुकी थी। जलियाँवाला हत्याकांड में ऊधमसिंह को भी गोली लगी थी और उन्होंने उसी समय बदला लेने की ठान ली थी। बाद में ब्रिटिश शासन द्वारा अभियोग चलाकर ऊधमसिंह को 31 जुलाई 1940 को दंडस्वरूप फाँसी दे दी गई थी। इस जघन्य हत्याकांड से क्षुब्ध होकर विरोधस्वरूप गुरुदेव रवींद्रनाथ ठाकुर ने अँग्रेजी सत्ता द्वारा प्रदत्त 'नाइटहुड' की उपाधि छोड़ दी थी और गाँधीजी ने भी अँग्रेजों द्वारा ही दी गई 'कैसर-ए-हिंद' की उपाधि को त्याग दिया था। इस नृशंस हत्याकांड को आज भी जलियाँवाला बाग स्मृति-दिवस के रूप में प्रत्येक वर्ष याद किया जाता है। इस हत्याकांड के समय भगतसिंह मात्र 12 वर्ष के थे, किंतु उनकी सोच पर इसका इतना गहरा प्रभाव पड़ा था कि सूचना मिलते ही वे अपने स्कूल से 12 मील पैदल चलकर घटनास्थल पर पहुँचे थे।

असहयोग आंदोलन (1920-1922 ई.)

जलियाँवाला हत्याकांड के लगभग सवा साल बाद 01 अगस्त 1920 को गाँधीजी ने रौलट एक्ट का विरोध, जलियाँवाला बाग-हत्याकांड पर आक्रोश, हत्याकांड की जाँच के लिए बनी हंटर समिति की रिपोर्ट से असहमति और भारतीय स्वराज की माँग जताते हुए सत्याग्रह आरंभ किया था, जिसे बहुचर्चित 'असहयोग आंदोलन' के नाम से जाना जाता है। 04 सितंबर 1920 ई. में कांग्रेस के कलकत्ता में हुए विशेष अधिवेशन में 'असहयोग आंदोलन' से सहमति जताते हुए इसका अनुमोदन कर दिया गया था। लाला लाजपत राय ने कलकत्ता के इस विशेष अधिवेशन की अध्यक्षता की थी। 'खिलाफत आंदोलन' से जुड़े हुए मुस्लिम नेताओं के बीच गाँधीजी अपनी पैंठ पहले ही बना चुके थे। इसीलिए उन्हें भी साथ लाने में वे सफल हो गए थे। फतेहपुर के अनेक क़ाँग्रेसी नेताओं ने असहयोग आंदोलन में बढ़-चढ़कर हिस्सा लिया था। 'अमर शहीद दरियाव सिंह समिति', खागा (फतेहपुर) के सचिव चंद्रपाल सिंह ने डॉ. ओउमप्रकाश अवस्थी के प्रधान संपादन में 2015 में साहित्य रत्नालय, गिलिस बाजार, कानपुर से प्रकाशित 'अनुवाक' में प्रकाशित अपने लेख 'राष्ट्रीय आंदोलन एवं फतेहपुर जनपद' (के पृष्ठ 28) में बताया है कि माँटेग्यू-चेम्सफोर्ड सुधार अधिनियम अथवा भारत सरकार अधिनियम 1919 के द्वारा द्वैध शासन स्थापित करने के कारण फतेहपुर जनपद के लोग पहले से ही असंतुष्ट थे और रौलट एक्ट व जलियाँवाला-कांड के बाद यह जन-असंतोष सभाओं में मुखर हो उठा, फलस्वरूप ब्रितानी सरकार व उसकी नीतियों की कड़ी निंदा हुई तथा व्यापक विरोध भी हुआ। भारतीय अधिनियम 1919 के अनुसार सितंबर 2020 में जब काउंसिल के सदस्यों के चुनाव हुए, तो वंशगोपाल और उमाशंकर चाहते थे कि गणेशशंकर विद्यार्थी अथवा जवाहरलाल नेहरू फतेहपुर से चुनाव लड़ें, किंतु काँग्रेस के आदेशानुसार उन दोनों ने इनकार कर दिया था, तब वंशगोपाल के विरोध के बावजूद उमाशंकर की

मदद से रणजीत सिंह विजयी हुए। इसी वर्ष 04 दिसंबर (1920) को फतेहपुर के समीप स्थित हुसेनगंज में जनपद की काँग्रेस कमेटी ने मुफ्त रसद एवं बेगार प्रथा का विरोध किया गया था और इसका निंदा प्रस्ताव सरकार को दे दिया गया था, जिसके फलस्वरूप यह प्रथा बंद हो गई थी।

भारतीय अधिनियम 1919 के उदघाटन के लिए 'ड्यूक ऑफ कनॉट' के भारत आगमन पर भारी विरोध जताया गया था, साथ ही बहिष्कार भी किया गया था। 1921 ई. में असहयोग आंदोलन जब अपने चरम पर था, तो बहिष्कार के दौरान ताड़ी की दुकानों पर धरना की कार्यवाही अत्यंत लोकप्रिय हुई थी, हालाँकि वह मूल कार्यक्रम में नहीं थी। ब्रितानी सरकार ने असहयोग आंदोलन को कुचलने के लिए भारत की सत्याग्रही जनता पर बड़े क्रूर जुल्म ढाए थे। 4 मार्च 1921 ई. को ननकाना साहब (अब पाकिस्तान में) स्थित गुरुद्वारे में संचालित हो रही शांतिपूर्ण सभा पर ब्रितानी सरकार के सैनिकों के द्वारा गोलियाँ चलाने के कारण 70 लोग शहीद हो गए थे। 1921 ई. में ही रीडिंग के भारत के वायसराय बनने पर दमनचक्र और भी तेज हो गया था। 'असहयोग आंदोलन' में पहली गिरफ्तारी मुहम्मद अली जिन्ना की हुई थी और तत्पश्चात् मोतीलाल नेहरू, चितरंजन दास, लाला लाजपत राय, मौलाना अबुल कलाम आजाद, सी. राजगोपालाचारी, राजेंद्रप्रसाद, सरदार वल्लभभाई पटेल जैसे सभी बड़े नेता हिरासत में ले लिये गए थे। सन् 1921 में प्रिंस ऑफ वेल्स का भारत में दो बार आगमन हुआ था और दोनों ही बार भारतीयों द्वारा उनका असाधारण विरोध हुआ था।

भारतीय राष्ट्रीय काँग्रेस का सैंतीसवाँ अधिवेशन दिसंबर 1921 ई. में अहमदाबाद में हकीम अजमल खाँ की अध्यक्षता में संपन्न हुआ था। उस समय गाँधीजी पर सविनय अवज्ञा कार्यक्रम शुरू करने का दबाव बढ़ रहा था। काँग्रेस के तत्कालीन अध्यक्ष चितरंजन दास जेल में थे, इसलिए हकीम अजमल खाँ कार्यवाहक अध्यक्ष थे। इसी अधिवेशन में गाँधीजी ने घोषणा की थी कि यदि राजनीतिक बंदियों को रिहा नहीं किया गया और प्रेस से नियंत्रण नहीं हटाया गया, तो एक फरवरी 1922 से वे बारडोली (गुजरात) से 'सविनय अवज्ञा आंदोलन' शुरू कर देंगे। 'अनुवाक' (प्रधान संपादक : डॉ. ओउमप्रकाश अवस्थी) के पृष्ठ 28 में चंद्रपाल सिंह के द्वारा बताया गया है कि फतेहपुर से इस अधिवेशन में "सम्मिलित हुए उमाशंकर, जगन्नाथ सिंह, ब्रह्मदत्त और जिला काँग्रेस अध्यक्ष केशवदेव। अधिवेशन में निम्न कार्यक्रम प्रस्तुत किए गए–

सरकारी उपाधियों और पदों का परित्याग, सरकारी तथा सरकार से सहायता प्राप्त और नियंत्रित स्कूलों, कॉलेजों, विदेशी वस्तुओं, सरकारी अदालतों व काउन्सिलों का बहिष्कार, सरकारी समारोहों में भाग लेने से इनकार, स्वदेशी प्रयोग, अस्पृश्यता निवारण, शराबबंदी, राष्ट्रीय विद्यालयों की स्थापना तथा अन्य रचनात्मक कार्य।"

इसी बीच 05 फरवरी 1922 को फतेहपुर से बाहर देवरिया जिले के चौरी चौरा नामक स्थान पर पुलिस ने जब एक जुलूस को जबर्दस्ती रोकना चाहा, तो गुस्से में आकर

प्रदर्शनकारियों ने थाने में आग लगा दी, जिसके कारण एक थानेदार एवं 21 सिपाहियों की जलने से मृत्यु हो गई। यह घटना गाँधीजी को स्तब्ध कर देने वाली थी, जिसके फलस्वरूप 12 फरवरी 1922 को बारदोली में हुई काँग्रेस की बैठक में उन्होंने 'असहयोग आंदोलन' को हिंसा से मुक्त रखने के लिए इसकी समाप्ति की घोषणा कर दी थी और इस प्रकार यह आंदोलन स्थगित हो गया। स्थगन की प्रतिक्रिया में मोतीलाल नेहरू ने कहा था कि "यदि कन्याकुमारी के एक गाँव ने अहिंसा का पालन नहीं किया, तो इसकी सजा हिमालय के एक गाँव को क्यों मिलनी चाहिए?" इसी क्रम में सुभाषचंद्र बोस ने कहा था कि "ठीक इस समय, जबकि जनता का उत्साह चरमोत्कर्ष पर था, वापस लौटने का आदेश देना राष्ट्रीय दुर्भाग्य से कम नहीं।"

'असहयोग आंदोलन' की यह परिणति गाँधीजी के पक्ष में नहीं रही, जिससे उनकी लोकप्रियता घट गई और मौका पाकर अँग्रेजी सत्ता ने उन्हें 13 मार्च 1922 को गिरफ्तार करने के पश्चात् अभियोजन के बाद 06 वर्ष के लिए जेल में डाल दिया, किंतु अस्वस्थतावश 05 फरवरी 1924 को जेल से रिहा कर दिया गया। फतेहपुर में स्थानीय और जिले स्तर पर गाँधीजी के पक्ष में निरंतर अनेक गतिविधियाँ चलती रहीं। 31 जनवरी 1923 को फतेहपुर से गणेशशंकर विद्यार्थी की गिरफ्तारी, नवंबर 1923 में हुए काउंसिल के चुनाव में उमाशंकर और वंशगोपाल के समर्थन से कृष्णदत्त पालीवाल का वेंकटेश तिवारी को भारी अंतर से हराना, सन् 1926 के काउंसिल चुनाव में उमाशंकर का निर्विरोध निर्वाचित होना, 1928 ई. में साइमन कमीशन का फतेहपुर में डटकर विरोध किया जाना आदि का स्वतंत्रता-आंदोलन में राष्ट्रीय महत्त्व है। वस्तुतः इस समय गणेशशंकर विद्यार्थी का प्रभाव तो था ही फतेहपुर की राजनीतिक और स्वाधीनता-संग्राम से जुड़ी समस्त गतिविधियों में, जवाहरलाल नेहरू जैसे अन्य नेता भी फतेहपुर में पूरी तरह से सक्रिय होकर अपनी पैंठ बनाए हुए थे।

1929 ई. में केंद्रीय असेंबली में बमबारी

सन् 1929 तक भारतीय राष्ट्रीय काँग्रेस के साथ-साथ अन्य राजनीतिक दल भी भारत को परतंत्रता की बेड़ी से मुक्त करवाने के प्रयासों में तत्पर हो गए थे। इन्हीं में से एक शहिंदुस्तान सोशलिस्ट रिपब्लिकन आर्मी' थी, जिसके दो क्रांतिकारियों—सरदार भगतसिंह और बटुकेश्वर दत्त ने 08 अप्रैल 1929 को आज संसद भवन कही जाने वाली तत्कालीन केंद्रीय असेंबली में जॉन ऑलसेब्रूक साइमन (साइमन कमीशन के अध्यक्ष) की उपस्थिति में अँग्रेजी सरकार को सचेत करने के उद्देश्य से असेंबली के खाली स्थान पर बम चलाए थे। उनका उद्देश्य किसी को हताहत करने का नहीं था, और इसीलिए वे दोनों वहाँ से भागे नहीं, बल्कि अपनी गिरफ्तारियाँ दीं। उन्हें आजीवन कारावास की सजा दी गई। भगतसिंह और उनके साथियों राजगुरु तथा सुखदेव पर शलाहौर षड्यंत्र' केस के नाम से मुकदमा चलाकर 07 अक्टूबर 1930 को उन्हें फाँसी की सजा सुनाई गई एवं 23

मार्च 1931 को उन्हें शहीद कर दिया गया। फतेहपुर नगर और जनपद के लोगों पर इस बमकांड का क्या असर हुआ था? इस बारे में फतेहपुर जनपद का इतिहास मौन है, अर्थात् इस विषय पर शोध किए जाने की आवश्यकता है।

1930 ई. का सविनय अवज्ञा आंदोलन

26 जनवरी 1930 को फतेहपुर नगर सहित पूरे जनपद में स्वाधीनता का घोषणा पत्र पढ़ा गया तथा काँग्रेस की अगुवाई में अहिंसा की कठोर शर्त के साथ चलाया गया। फतेहपुर जनपद में भी देश के अन्य हिस्सों की तर्ज पर स्वयंसेवी भर्ती किए गए। गाँधीजी द्वारा श्सविनय अवज्ञा आंदोलन' के प्रतीक के रूप में 06 अप्रैल 1930 को नमक कानून तोड़ने के उपरांत फतेहपुर नगर के चौक मोहल्ले में स्थित हजारीलाल फाटक के अंदर के मैदान में दो सौ स्वयंसेवियों के द्वारा 29 अप्रैल 1930 को नमक कानून तोड़ा गया था। फलस्वरूप 09 मई 1930 को जनपद से गिरफ्तारियाँ हुईं। 29 सितंबर 1930 को जनपद फतेहपुर के बिंदकी कस्बे में लगभग दस हजार स्वयंसेवियों के द्वारा जुलूस निकाला गया, जिसका नेतृत्व उमाशंकर के हाथ में था और जिसमें राधेश्याम पाठक, शालिग्राम जायसवाल, मुजफ्फर हसन आदि के साथ श्रीमती उमा नेहरू और मोतीलाल नेहरू ने भाग लिया था।

1942 ई. का भारत छोड़ो आंदोलन

सविनय अवज्ञा आंदोलनों के वांछित प्रतिफल न प्राप्त होने के कारणों पर चर्चा के लिए 08 अगस्त 1942 ई. को 'भारतीय राष्ट्रीय काँग्रेस' की बैठक बम्बई के ऐतिहासिक 'ग्वालिया टैंक' में हुई थी, जिसमें गाँधीजी के ऐतिहासिक 'भारत छोड़ो प्रस्ताव' को काँग्रेस कार्यसमिति ने मामूली संशोधनों के बाद उसी दिन स्वीकार कर लिया था। इसके परिणामस्वरूप 09 अगस्त 1925 को घटित हुए काकोरी कांड के ठीक सत्रह वर्ष बाद 09 अगस्त 1942 से सुप्रसिद्ध श्भारत छोड़ो आंदोलन' का आरंभ हुआ। इसी को 'अगस्त क्रांति' के नाम से भी जाना जाता है। गाँधीजी के 'करो या मरो' के नारे के साथ संपूर्ण भारत को आजादी के लिए अंतिम प्रयास करने का संदेश दिया गया था। दूसरे विश्वयुद्ध में भारत के पूर्ण सहयोग की अपेक्षा वाला 'क्रिप्स मिशन' पहले ही असफल हो चुका था। भयभीत ब्रितानी सरकार ने 09 अगस्त 1942 की सुबह से ही 'ऑपरेशन ज़ीरो ऑवर' चलाकर काँग्रेस के प्रायः सभी महत्त्वपूर्ण नेता गिरफ्तार करने शुरू कर दिए थे। फतेहपुर में राष्ट्रीय नेताओं की गिरफ्तारी का विरोध करने के लिए बुलाई गई बैठक के होने से पहले ही जनपद के सभी बड़े नेता गिरफ्तार कर लिए गए, जिनकी अनुपस्थिति में पन्नालाल और जैराम सिंह द्वारा चालीस व्यक्तियों की टुकड़ी की सहायता से औंग रेलवे स्टेशन व आशापुर डाक बँगला जला दिए गए। कुरुस्तीकला रेलवे स्टेशन के पास

के दस खंभे उखाड़कर तार काट दिए गए और डाकघर जला दिया गया। इसके बाद अँग्रेजी सरकार द्वारा भारतीयों की माँग पर ध्यान न देने और बिना आरोप के की गई नजरबंदी से नाराज गाँधीजी ने 10 फरवरी 1943 से 21 दिन का उपवास आरंभ कर दिया। यह सच है कि श्भारत छोड़ो आंदोलन' भारत को आजादी तो नहीं दिला सका था, परंतु इसका दूरगामी परिणाम इसलिए सुखदायी रहा, क्योंकि इस विशाल आंदोलन की व्यापकता को देखते हुए अँग्रेजी सत्ता को विश्वास हो गया था कि उन्होंने शासन का वैध अधिकार खो दिया है और अंततः 15 अगस्त 1947 को देश स्वतंत्र हो गया। इस प्रकार देश ने अनेक क्रांतियों, बलिदानों, सत्याग्रहों और विभिन्न आंदोलनों के उपरांत एक लंबे समय बाद संघर्षों पर विजयी होकर ही चिर-प्रतीक्षित स्वाधीनता प्राप्त की, जिससे हम सब खुले में साँस ले पक रहे हैं।

1943 ई. में आजाद हिंद फौज का पुनर्गठन

'आजाद हिंद फौज' का गठन सबसे पहले 01 दिसंबर 1942 ई. को मोहन सिंह के द्वारा जापान में किया गया था। उस समय इसमें लगभग 16,300 सैनिक थे। 04 जुलाई 1943 ई. को सुभाषचंद्र बोस ने जर्मनी से जापान पहुँचकर 'आजाद हिन्द फौज' एवं 'इंडियन लीग' की कमान सँभाली। सुभाषचंद्र बोस को नेताजी कहकर संबोधित किया जाता था। उन्होंने अपने अनुयायियों को श्जय हिंद' का नारा दिया। मातृभूमि को स्वतंत्र करवाने की दिशा में उन्होंने 21 अक्टूबर 1943 ई. को सिंगापुर में 'आजाद हिंद सरकार' नाम से अस्थाई भारत सरकार की स्थापना की। वे स्वयं ही इस सरकार के राष्ट्रपति, प्रधानमंत्री और सेनाध्यक्ष (तीनों ही) थे। उन्होंने वित्त विभाग एस.सी चटर्जी को, प्रचार विभाग एस. ए. अय्यर को तथा महिला संगठन लक्ष्मी स्वामीनाथन (सहगल) को सौंपा था। फतेहपुर जनपद में 'आजाद हिंद फौज' से जुड़ी जानकारियों के उद्घाटन का कार्य अभी अधूरा है।

जिले की अन्य विशिष्ट प्रासंगिक घटना

संपूर्ण देश की तरह फतेहपुर की जनता भी उद्वेलित थी और गाँधीजी के 'करो या मरो' नारे को अपने आचरण में उतार रही थी।

सन् 1915-1924 ई. के बीच जनपद फतेहपुर की स्थिति-परिस्थिति बड़ी तेजी से बदली और सन् 1916 ई. का वर्ष फतेहपुर जनपद के लिए विशेष महत्त्व का रहा। लखनऊ में सन् 1916 में हुए काँग्रेस और मुस्लिम लीग के संयुक्त अधिवेशन में फतेहपुर से उमाशंकर वकील सम्मिलित हुए थे, तदुपरांत सन् 1916 में ही गणेशशंकर विद्यार्थी की पहल पर फतेहपुर में काँग्रेस की सक्रियता बढ़ी और काँग्रेस की इकाई के गठन का मार्ग प्रशस्त हुआ, जिसने फतेहपुर की राजनीति को राष्ट्रीय धारा से जोड़ दिया।

षष्ठम अध्याय

स्वतंत्रता-संग्राम के फतेहपुर जनपद के प्रमुख स्वतंत्रतासेनानियों व शहीदों के नाम, उनका योगदान और उनको मिली सजा

अतीत में अंतर्वेद या अंतर्देश या मध्यदेश नाम से ख्यात रहे फतेहपुर जनपद की धरती न केवल प्राकृतिक दृष्टि से हरी-भरी रही है, अपितु स्वाभिमान, गौरव और मानवीय मूल्यों के धरातल पर भी सदैव उर्वर रही है। हमलावर विदेशी आक्रांताओं को इसने कभी भी स्वीकार नहीं किया; यह अवश्य है कि शांति और सद्भाव से रहने वाले लोगों को इस धरती ने शरण देकर अपने में आत्मसात् कर लिया है, जिन्हें अब अलग करना संभव नहीं है। इस गौरवशाली धरती का क्रमबद्ध अतीत तो नहीं प्राप्त होता है, हाँ यह जरूर है कि साहित्य और भाषा के ग्रंथों में पौराणिक व ऐतिहासिक सूत्र मिलते हैं, जिन पर पूरा शोध अभी तक नहीं हो सका है। किसी भी संस्कृति और समाज को अजर-अमर बनाने में साहित्य की भूमिका सबसे अधिक होती है और इस धरती का वह साहित्य प्रचुर मात्रा में उपलब्ध है, जिसका आलोड़न-विलोड़न आधुनिककाल, विशेष रूप से बीसवीं शताब्दी के उत्तरार्द्ध में तीव्र हुआ है। फलस्वरूप भारतीय स्वतंत्रता-संग्राम से जुड़े इस पवित्र धरती के वीरों, क्रांतिकारियों, शहीदों आदि की खोज-खबर और पड़ताल निरंतर जारी है, जिससे संबंधित नए-नए तथ्य बराबर उद्घाटित हो रहे हैं। एक अत्यंत महत्त्वपूण र्ा तथ्य यह है कि फतेहपुर जनपद के दोनों अनन्य अमर शहीदों—दरियाव सिंह और ठाकुर जोधासिंह अटैया को सच्ची श्रद्धांजलि अर्पित करने के लिए फतेहपुर जनपद के नवनिर्मित मेडिकल कॉलेज का नामकरण उन दोनों के नामों को एक साथ जोड़कर किया गया है। पुरातत्वविदों, शिक्षाविदों, साहित्यकारों, इतिहासकारों और समाजसेवियों आदि की टुकड़ियों के श्लाघनीय प्रयासों और स्वयं के श्रम-शोध से जिन स्वातंत्र्यवीरों और शहीदों की जानकारी अब तक मिल सकी है, उनका विवरण इस प्रकार है—

स्वतंत्रतासेनानी—

1. **चंद्रभूषण सिंह, गाजीखेड़ा :**
2. **दीपनारायण सिंह :** एक महान स्वतंत्रतासेनानी, पूर्व विधायक और भारत के

सर्वोच्च न्यायालय के वकील थे। उन्होंने अपने जीवन के प्रारंभिक चरण में स्वतंत्रता-संग्राम में भाग लिया और कई बार जेल गए। वे एक मेधावी विद्वान भी थे और उन्हें 'साहित्यरत्न' से सम्मानित किया गया था। धाता कस्बे में उनकी प्रतिमा स्थापित की गई है।

3. **बसंत सिंह** (बसंत पंचमी, 1914 ई.-26 जुलाई 1983) : ये (फतेहपुर नगर से दक्षिण 13 किलोमीटर दूर) गाजीपुर के निवासी थे। ये सन् 1857 ई. की क्रांति में बावनी इमली में फाँसी पर चढ़ा दिए जाने वाले महायोद्धा ईसुरी सिंह के पौत्र थे। सन् 1943 ई. में शहीद हुईं शिवरानी देवी इन्हीं की पत्नी थीं। बहुत कम उम्र में ये सन् 1930, 32 और 1942 ई. के आंदोलनों में शामिल हुए तथा जेल भी गए। बाबू वंशगोपाल से इनकी बहुत अच्छी निभती थी। स्वतंत्रता के बाद ये काँग्रेस के पदाधिकारी भी बने और बाद में काँग्रेस छोड़कर आचार्य कृपलानी के साथ हो गए। बहुत कम उम्र में ही पत्नी शिवरानी देवी की शहादत के उपरांत विधुर हो गए थे। त्याग, सच्चरित्रता और मधुर स्वभाव के धनी बसंत सिंह उत्कृष्ट दर्जे के समाजसेवी भी थे।

4. **रमजान बख्श आजाद** (लाला जी) (10 अक्टूबर 1890-25 फरवरी 1980) : इन्होंने युवावस्था से ही देश के स्वतंत्रता आंदोलन में भाग लिया, आर्थिक मदद भी की और जेल भी गए।

5. **राम सिंह गौतम** (पूर्व प्रधान, भदबा) : ये सत्याग्रह आदि सहित 'भारत छोड़ो आंदोलन में शामिल हुए तथा जेल जाने से भी नहीं डरे।

6. **रामगोपाल त्रिपाठी** (पं. रामगोपाल त्रिपाठी) : ये विजयीपुर (बिजईपुर) निवासी थे महान गाँधीवादी स्वतंत्रतासेनानी और समाजसेवी थे। स्वतंत्रता आंदोलन में वे दो बार जेल गए और स्वतंत्रता के उपरांत उन्होंने बिजईपुर में एक उच्चतर माध्यमिक विद्यालय खोला, जो अब पं. रामगोपाल त्रिपाठी इंटर कॉलेज के नाम से जाना जाता है। उनकी गणना काँग्रेस के बड़े नेताओं में होती थी और अनेक वर्षों तक वे बिजईपुर विकास-खंड के खंड-प्रमुख भी रहे।

7. **वंशगोपाल** (बाबू बंशगोपाल) (26 फरवरी 1893-14 जून 1971) : 01 अगस्त 1920 को बम्बई में हुई बाल गंगाधर तिलक की मृत्यु के पश्चात् फतेहपुर में हुई श्रद्धांजलि सभा में कानपुर के डॉ. मुरारीलाल शर्मा द्वारा काँग्रेस की फतेहपुर इकाई की कार्यकारिणी का विधिवत गठन किया गया था। इसमें सुप्रसिद्ध 'झंडा-गीत' के रचयिता श्यामलाल गुप्त 'पार्षद' को अध्यक्ष, बाबू वंशगोपाल (वकील) को मंत्री तथा अवधबिहारी को कोषाध्यक्ष बनाया गया था। 1921 ई. में जब संयुक्त प्रांत की काँग्रेस कमेटी गठित की गई, तो इन्हें फतेहपुर से और जवाहरलाल नेहरू को इलाहाबाद से सदस्य चुना गया। स्वतंत्रता-संग्राम

के दौरान (सन् 1921 से 1942 ई. तक) इन्होंने नौ बार जेल-यात्राएँ कीं। कहा जाता है कि 1942 ई. के 'भारत छोड़ो आंदोलन' में जब 09 अगस्त 1942 को ये गिरफ्तार किए गए, तो इन्हें इनके भोजन में पिसा हुआ काँच मिलाकर दिया गया, जिससे खून की उल्टी होने से हालत बिगड़ने पर 04 अक्टूबर 1942 को इनको बीच में ही छोड़ दिया गया। 'खिलाफत आंदोलन', 'असहयोग आंदोलन' और 'भारत छोड़ो आंदोलन' में सक्रिय रहे। सरकार द्वारा आयोजित अमन सभाओं में बाधाएँ डालने पर मुकदमा चलाया गया और तीन मास का सश्रम कारावास मिला, किंतु जिला जज, कानपुर के यहाँ से छूट गए। 20 नवंबर 1929 को गाँधीजी के फतेहपुर आगमन पर सार्वजनिक सभा में इन्होंने अभिनंदन पत्र भेंट किया और गाँधीजी के द्वारा पत्र की नीलामी किए जाने पर स्वयं ही उसे रु. 501/- में खरीद लिए। सन् 1937 में हुए प्रांतीय चुनावों में वे खागा-फतेहपुर से विजयी हुए और सन् 1946 ई. की प्रांतीय अंतरिम सरकार में विधायक चुने गए। 1951 ई. में वे काँग्रेस छोड़कर आचार्य जीवतराम भगवानदास कृपलानी की किसान मजदूर प्रजा पार्टी में शामिल हो गए। स्वतंत्रतासेनानी, राजनीतिज्ञ और समाजसेवी होने के साथ ही वे एक अच्छे कवि व साहित्यकार भी रहे। उनके द्वारा आल्हा छंद में रचित 'सत्याग्रह अरु असहयोग का आल्हा' (रचनात्मक राष्ट्रीयता का लोक काव्य) नामक काव्यग्रंथ डॉ. ओउमप्रकाश अवस्थी के संपादन में साहित्य रत्नालय, गिलिस बाजार, कानपुर द्वारा 2011 ई. में प्रकाशित किया गया है।

8. **सुखनंदन सिंह** (बापू) : अजमतपुर और आस-पास के क्षेत्र में बापू के नाम से जाने जाते थे, क्योंकि वे महान गाँधीवादी थे और महात्मा गाँधी का अनुकरण करते हुए अस्पृश्यता एवं अन्य सामाजिक कुरीतियों से दूर रहते हुए उनके उन्मूलन में जीवनपर्यंत लगे रहे। स्वतंत्रता आंदोलन में वे जेल भी गए। वे सहजता और सरलता की प्रतिमूर्ति थे।

9. **श्री विश्वनाथ खन्ना :** कल्याणपुर निवासी हैं और फतेहपुर जनपद के एक मात्र जीवित सौवर्षीय स्वतंत्रता सेनानी हैं।

उपर्युक्त स्वतंत्रतासेनानियों के अतिरिक्त शहबाजपुर के गजोधरप्रसाद पटेल, लच्छूप्रसाद, चंद्रशेखर मिश्र, मनबोधन गुप्त व मुकुनुवा स्वर्णकार के नाम भी अन्य स्रोतों से प्राप्त हुए हैं।

शहीद–

1. **इलाहीबख्श** (मुंशी इलाहीबख्श) : ये फतेहपुर के रहने वाले थे। 1857 ई. के स्वतंत्रता-संग्राम में लोगों को विद्रोह के लिए भड़काने और विद्रोहियों से

साँठ-गाँठ करके उनकी आर्थिक सहायता के साथ-साथ ब्रितानी अधिकारियों पर आक्रमण करने के आरोपों में पकड़े गए एवं ब्रितानी हुकूमत से दगाबाजी की सजा के तौर पर अँग्रेजों द्वारा फाँसी पर चढ़ा दिए गए।

2. **ईसुरी सिंह** (ठाकुर ईश्वरी सिंह) : ये (फतेहपुर नगर से दक्षिण 13 किलोमीटर दूर) गाजीपुर निवासी थे और प्रथम स्वतंत्रता-संग्राम में शहीद हुए। युवावस्था में अँग्रेजी दमनचक्र से बचने के लिए संगठित क्रांति के उद्देश्य से रींवा (मध्यप्रदेश) छोड़कर 1850 ई. के आस-पास फतेहपुर जनपद के गाजीपुर कस्बे में आ बसे। सन् 1857 की क्रांति में जब खागा के ठाकुर दरियाव सिंह एवं उनके साथी स्वतंत्रतासेनानियों की टुकड़ियाँ अँग्रेजों से लोहा ले रही थीं, तो नवयुवक ईसुरी अपनी अलग टुकड़ी लेकर गाजीपुर को केंद्र बनाकर योजनाबद्ध तरीके से छापामार गुरिल्ला युद्ध कर रहे थे। इनके कल्लू कहार नामक साथी ने इन्हें धोखा दिया, जिसके कारण इन्हें इनके साथियों के साथ अँग्रेज घुड़सवारों द्वारा पकड़ लिया गया और ईसुरी सिंह के स्वतंत्रतासेनानी पौत्र के पुत्र संग्राम सिंह के हवाले से डॉ. बालकृष्ण पांडेय ने स्वसंपादित और राज स्मृति सेवा संस्थान, राजभवन, गाजीपुर, फतेहपुर-212601 (उत्तरप्रदेश) द्वारा सन् 2011 ई. में प्रकाशित कृति 'यशस्वी पीढ़ियाँ' के पृष्ठ 48 में बताया है कि बिंदकी-खजुहा मार्ग (मुगल रोड) पर बिंदकी से तीन किलोमीटर दूर, खजुहा के पहले, सड़क के बगल में स्थित इमली के पेड़ पर ईसुरी सिंह सहित बावन क्रांतिकारियों को एक साथ फाँसी पर लटका दिया गया था। वह इमली का पेड़ आज भी है और इसे बावनी इमली के नाम से जाना जाता है। यह फतेहपुर जनपद के क्रांतिकारियों का सबसे महत्त्वपूर्ण स्मारक है। ध्यातव्य है कि बावन लोगों को एक साथ फाँसी देने का अत्यंत क्रूरता और निर्दयतापूर्ण कृत्य अँग्रेजों द्वारा 28 अप्रैल 1858 को अंजाम दिया गया था तथा उन बावन अमरशहीदों में सर्वोपरि जोधासिंह अटैया थे। (स्रोत—'प्रथम स्वतंत्रता-संग्राम में फतेहपुर जनपद का योगदान' : चंद्रपालसिंह, 'अनुवाक'—प्रधान संपादक संपादक : डॉ. ओउमप्रकाश अवस्थी, साहित्य रत्नालय, गिलिस बाजार, कानपुर-208001, दूसरा संस्करण, 2015, पृष्ठ 23)

3. **कमरुद्दीन** : ये 1857 ई. के स्वतंत्रता-संग्राम में लोगों को विद्रोह के लिए भड़काने और विद्रोहियों की आर्थिक सहायता के आरोपों में अँग्रेजी सेना द्वारा पकड़े गए एवं ब्रितानी छापामारी कार्यवाही में मारे गए।

4. **कामू खाँ** : 1857 ई. के स्वतंत्रता-संग्राम में लोगों को विद्रोह के लिए भड़काने और विद्रोहियों की आर्थिक सहायता के आरोपों में अँग्रेजी सेना द्वारा पकड़े गए एवं ब्रितानी छापामारी कार्यवाही में मारे गए।

5. **कालिका** : इन्होंने 1857 की क्रांति में विद्रोही शक्तियों के साथ मिलकर अँग्रेजी

सत्ता से लड़ाई लड़ी और लड़ते हुए वीरगति को प्राप्त हुए।

6. **कालीचरण :** सलेमपुर निवासी इस योद्धा ने ब्रितानी हुकूमत के खिलाफ सन् 1857 ई. में विद्रोह का बिगुल बजाया।

7. **कालीदीन :** ये 1857 ई. के स्वतंत्रता-संग्राम में लोगों को विद्रोह के लिए भड़काने और विद्रोहियों की आर्थिक सहायता के साथ-साथ ब्रितानी अधिकारियों पर आक्रमण करने के आरोपों में पकड़े गए एवं ब्रितानी हुकूमत से मोर्चा लेते हुए शहीद हो गए।

8. **कासिम खाँ :** ये 1857 ई. के स्वतंत्रता-संग्राम में लूट-पाट और विद्रोह के आरोप में अँग्रेजी सत्ता द्वारा फाँसी पर चढ़ा दिए गए।

9. **कुहुर सिंह :** ये 1857 ई. के स्वतंत्रता-संग्राम में लोगों को विद्रोह के लिए भड़काने और विद्रोहियों की आर्थिक सहायता के साथ-साथ ब्रितानी अधिकारियों पर आक्रमण करने के आरोपों में पकड़े गए एवं ब्रितानी हुकूमत से मोर्चा लेते हुए शहीद हो गए।

10. **गणेशशंकर विद्यार्थी :** इनके पूर्वज फतेहपुर जनपद के हथगाम के रहने वाले थे। इनका जन्म अतरसुइया, इलाहाबाद स्थित इनके ननिहाल में 26 अक्टूबर 1890 को हुआ था। ये एक निर्भीक और साहसी पत्रकार रहे। महाराणा प्रताप के जीवन और व्यक्तित्व से प्रभावित होकर इन्होंने 09 नवंबर 1913 को कानपुर से 'प्रताप' नामक साप्ताहिक पत्र निकाला, जिसे 1920 ई. से दैनिक कर दिया। इन्होंने श्प्रभा' नाम की एक साहित्यिक मासिक पत्रिका भी निकाली थी। विक्टर ह्यूगो के दो उपन्यासों—'द मिजरेबिल्स' व 'नाइंटी थ्री' के अनुवाद भी इन्होंने किए और 'हिंदी साहित्य सम्मलेन, प्रयाग' के गोरखपुर में संपन्न हुए 19 वें अधिवेशन के ये सभापति भी चुने गए थे। सन् 1916 से लेकर अपने जीवन के अंत तक ये फतेहपुर में सक्रिय रहे और काँग्रेस की स्थानीय इकाई के गठन से लेकर विभिन्न राजनीतिक, सामाजिक व स्वाधीनता की लड़ाई से जुड़ी गतिविधियों में लिप्त रहे। 'अभ्युदय', 'सरस्वती', 'कर्मयोगी', 'स्वराज्य', 'हितवार्ता' जैसे पत्र-पत्रिकाओं से भी ये जुड़े रहे। पहले इन्होंने लोकमान्य बाल गंगाधर तिलक को अपना सामाजिक-राजनीतिक गुरु माना था, किंतु तिलक के अवसान के बाद ये गाँधीजी के अनन्य भक्त हो गए थे। ये अनेक बार जेल गए। 25 मार्च 1931 को ये कानपुर में सांप्रदायिक दंगे में शहीद हो गए।

11. गयादीन दुबे (पं. गयादीन बाबा) : इनके पिता पं. सीताराम दुबे, फतेहपुर के समीप स्थित कोराईं गाँव के जमींदार थे। बाबा गयादीन (दुबे) के नाम से प्रख्यात इस महान स्वतंत्रतासेनानी ने अपनी टुकड़ी के साथ 1857 ई. की असाधारण क्रांति में तन-मन-धन से क्रांतिवीरों दरियाव सिंह और ठाकुर जोधासिंह अटैया को अपना महत्त्वपूर्ण योगदान दिया था। इनका जन्म सन्

1803 ई. में कोराईं में ही हुआ था। इन्होंने अँग्रेजों से अनेक मोर्चों पर लोहा लिया था। पकड़े जाने पर अँग्रेजी सत्ता द्वारा इन्हें अभियोग चलाकर मृत्युदंड दे दिया गया था, किंतु फाँसी की सजा के पहले ही इन्होंने अपनी अँगूठी में जड़े हीरे को चाँटकर अपने प्राण त्याग दिए थे।

12. **जंग खाँ :** 1857 ई. के स्वतंत्रता-संग्राम में ये लोगों को विद्रोह के लिए भड़काने और विद्रोहियों की आर्थिक सहायता के साथ-साथ ब्रितानी अधिकारियों पर आक्रमण करने के आरोपों में पकड़े गए एवं ब्रितानी हुकूमत से मोर्चा लेते हुए फतेहपुर-कानपुर संभाग में शहीद हो गए।

13. **जोधासिंह अटैया :** अटैया रसूलपुर निवासी अमर शहीद जोधासिंह सन् 1857 ई. की क्रांति के फतेहपुर जनपद के नायकों में से प्रमुख थे। ये जमींदार ठाकुर भवानी सिंह के पुत्र थे। नेतृत्व और छापामार युद्ध में पारंगत इस योद्धा ने महान क्रांतिकारी दरियाव सिंह से मिलकर प्रथम स्वतंत्रता-संग्राम में अत्यंत महत्त्वपूर्ण भूमिका निभाई थी और ब्रितानी शासकों की नाक में दम कर दिया था। क्रांतिवीर दरियाव सिंह के शहीद होने के बाद ये स्वातंत्र्य वीरों का नेतृत्व करते रहे, किंतु अँग्रेजों की पकड़ से दूर रहे। हारकर अँग्रेजों ने तत्कालीन नेपालनरेश जंगबहादुर को एक ब्रिगेड के साथ 31 मार्च 1858 को फतेहपुर बुलाया और जोधासिंह अटैया को उनके इक्यावन अन्य साथियों के साथ पकड़कर (बिंदकी से तीन किलोमीटर दूर, खजुहा के पहले, सड़क के बगल में स्थित) इमली के पेड़ पर लटका दिया गया। वह इमली का पेड़ आज भी है और आज इसे 'बावनी इमली' के नाम से जाना जाता है, जो फतेहपुर जनपद का प्रमुख पर्यटन-स्थल है। ध्यातव्य है कि बावन क्रांतिकारियों को एक साथ फाँसी देने का अत्यंत क्रूरता और निर्दयतापूर्ण कृत्य अँग्रेजों द्वारा 28 अप्रैल 1858 को अंजाम दिया गया था तथा उन बावन अमरशहीदों में सर्वोपरि ठाकुर जोधासिंह अटैया थे। इसे 'दूसरा जलियाँवाला-कांड' कहा जाता है। (स्रोत—'प्रथम स्वतंत्रता-संग्राम में फतेहपुर जनपद का योगदान' : चंद्रपालसिंह, 'अनुवाक'—प्रधान संपादक संपादक : डॉ. ओउमप्रकाश अवस्थी, साहित्य रत्नालय, गिलिस बाजार, कानपुर-208001, दूसरा संस्करण, 2015, पृष्ठ 23)

14. **ताहिर खाँ :** 1857 ई. के स्वतंत्रता-संग्राम में लूट-पाट और विद्रोह के आरोप में ये अँग्रेजी सेना द्वारा पकड़े गए एवं बाद में फाँसी पर चढ़ा गए।

15. **तुरंग सिंह (खागा) :** महान क्रांतिकारी दरियाव सिंह के नेतृत्व में 1857 ई. की क्रांति में इन्होंने अँग्रेजों के खिलाफ अनेक लड़ाइयाँ लड़ीं और अंत में पकड़े जाने पर 06 मार्च 1858 को इन्हें फाँसी दे दी गई।

16. **दरियाव सिंह** (खागा) : महान क्रांतिकारी दरियाव सिंह 06 मार्च सन् 1858 ई. को शहादत को प्राप्त हुए थे। 23 जून 1757 ई. में हुए प्लासी के युद्ध के बाद

ईस्ट इंडिया कंपनी भारत के बड़े भूभाग पर व्यापारी से शासक की भूमिका में आ चुकी थी, जिससे फतेहपुर का भौगोलिक क्षेत्र भी अछूता न रह सका था और डलहौजी की अपहरण वाली नीति के चलते सन् 1801 ई. में यह भू-भाग भी अँग्रेजों के कब्जे में आ गया था। सन् 1826 ई. मंय यह भू-भाग फतेहपुर जनपद बना दिया गया था और फतेहपुर नगर को इसका मुख्यालय। 1857 ई. की क्रांति के पहले यह संभाग अकाल से झुलस रहा था। उस समय देश को अँग्रेजों के चंगुल से छुड़ाने की भूमिगत पहल चल रही थी। क्रांतिकारियों, पत्रकारों व बुद्धिजीवियों ने मिलकर 31 मई 1857 को युद्ध का बिगुल फूँकने का निर्णय लिया था, किंतु आज जैसी संचार-व्यवस्था के अभाव में संग्राम की चिंगारी पहले ही भड़क उठी थी। उस समय दरियाव सिंह शंकरपुर के अपने मित्र बेनीमाधव सिंह के पास परामर्श हेतु गए हुए थे। उनकी अनुपस्थिति में उनके सेनापति-पुत्र सुजान सिंह ने 08 जून 1857 को खागा तहसील पर अधिकार कर लिया था। यह विजय क्रांतिवीर दरियाव सिंह, बिठूर के नाना साहब और अवध के राणा बेनीमाधव सिंह की गुप्त बैठकों का परिणाम थी। इसके परिणामस्वरूप कई अन्य जनपदों में भी अँग्रेजी सत्ता के विरुद्ध विद्रोह छिड़ गया था। 04 जून को कानपुर और 07 जून को प्रयागराज क्रांतिकारियों द्वारा पहले ही स्वतंत्र घोषित कर दिए गए थे तथा इसके बाद लगभग 200 विद्रोहियों ने जनपद फतेहपुर के मुख्यालय में डेरा डाल दिया था। 08 जून को महान क्रांतिकारी दरियाव सिंह के सेनानायक व उनके वीर पुत्र सुजान सिंह ने खागा के राजकोष में कब्जा करने के बाद स्वतंत्रता का ध्वज लहरा दिया था। 09 जून को फतेहपुर मुख्यालय पर भी नियंत्रण कर लिया गया था। 10 जून को क्रांतिकारियों ने जेल में कैद बंदियों को मुक्त करवाया था और नाना साहब ने फतेहपुर के तत्कालीन डिप्टी कलेक्टर हिकमत उल्ला खाँ को स्वतंत्र सरकार का चकलेदार (प्रशासक) नियुक्त कर दिया था। प्रयागराज, फतेहपुर और कानपुर में पूर्ण अधिकार मिलने की खुशी में बिठूर में तोपें दागी गईं थीं। क्रांतिकारियों ने सभी जिलों के कोतवालों को यह आदेश दिया था कि नगर व गाँवों में यह मुनादी करवा दी जाए कि अब अपनी सरकार है। फतेहपुर जनपद में 32 दिनों तक स्वतंत्र सरकार चली थी। उधर अँग्रेजी सेना ने अपनी ताकत बटोरी और 11 जून को मेजर रिनार्ड को फतेहपुर में पुनः अधिकार जमाने के लिए प्रयागराज से रवाना कर दिया था। क्रांतिवीर दरियाव सिंह ने यह सूचना मिलते ही इसकी जानकारी नाना साहब को दे दी थी और मोर्चाबंदी करते हुए अपने सैनिकों को तैनात कर दिया था। 11 जुलाई को मेजर रिनार्ड ने दरियाव सिंह के महल पर तोपों से आक्रमण करके पूरी तरह से नष्ट कर दिया था, किंतु उसके हाथ कोई क्रांतिकारी न लग सका था। अँग्रेजी सेनाओं के बढ़ते

दबाव को देखते हुए दरियाव सिंह के नेतृत्व में फतेहपुर जिले के क्रांतिकारियों ने यमुना पार करके बाँदा जनपद में अपने सुरक्षित ठिकाने बना लिए थे। अँग्रेज छल-छद्मपूर्ण धूर्तता में सिद्धहस्त थे, जिसके फलस्वरूप दरियाव सिंह के साथी के द्वारा विश्वासघात करवाकर वे क्रांतिकारियों को पकड़ने में सफल रहे थे और अभियोजन का स्वाँग भरते हुए ब्रितानी न्यायव्यवस्था द्वारा अंततः 06 मार्च 1858 को दरियाव सिंह को उनके पुत्र आदि सहित फाँसी दे दी गई थी। इनकी सारी संपत्ति भी जब्त कर ली गई थी। महान स्वतंत्रतासेनानी दरियाव सिंह और उनके साथियों के अभूतपूर्व बलिदान की याद में स्वतंत्रतासंग्रामसेनानी अमर शहीद ठाकुर दरियाव सिंह का विजय दिवस हर वर्ष 08 जून को फतेहपुर जनपद की खागा तहसील के मुख्यालय में मनाया जाता है।

17. **दुलारेलाल तिवारी :** जहानाबाद-अमौली क्षेत्र के नोनारा गाँव के शिवनारायण तिवारी के पुत्र के रूप में सन् 1905 ई. में जन्मे दुलारेलाल तिवारी ने 1930 ई. सविनय अवज्ञा आंदोलन के सत्याग्रह में भाग लिया था। बाद में असिंचित भूमि के राजस्व के भुगतान को लेकर वे अपने पिता जी द्वारा किए जा रहे आंदोलन में शामिल हो गए। इस आंदोलन में तहसीलदार द्वारा अपने पिता की हत्या किए जाने पर उन्होंने तहसीलदार को मार डाला। उन्हें गिरफ्तार करके तहसीलदार की हत्या का मुकदमा चलाया गया और 1932 ई. में उन्हें नैनी सेंट्रल जेल में फाँसी पर चढ़ा दिया गया।

18. **नॉदर खाँ :** 1857 ई. के स्वतंत्रता-संग्राम में लूट-पाट और विद्रोह के आरोप में अँग्रेजी सत्ता द्वारा ये फाँसी पर चढ़ा दिए गए।

19. **नाहर सिंह :** 1857 ई. के स्वतंत्रता-संग्राम में लूट-पाट और विद्रोह के आरोप में अँग्रेजी सेना द्वारा ये पकड़े गए एवं बाद में फाँसी पर चढ़ा दिए गए।

20. **निद्धा पंडित :** ये सरकंडी निवासी थे, जो सन् 1857 ई. के स्वतंत्रता-संग्राम में शहीद हो गए।

21. **निर्मल सिंह :** ये खागा निवासी दरियाव सिंह के भाई थे, जिन्हें सन् 1857 ई. के स्वतंत्रता-संग्राम के समय 06 मार्च 1858 को क्रांतिवीर दरियाव सिंह और उनके पुत्र आदि सहित फाँसी दे दी गई थी। वे भी क्रांतिकारियों के साथ अनेक मोर्चों पर लड़े थे।

22. **नूरूद्दीन खाँ :** 1857 ई. के स्वतंत्रता-संग्राम में लोगों को विद्रोह के लिए भड़काने और विद्रोहियों की आर्थिक सहायता के आरोपों में ये पकड़े गए एवं ब्रितानी छापामारी कार्यवाही में मारे गए।

23. **नेमत खाँ :** 1857 ई. के स्वतंत्रता-संग्राम में लोगों को विद्रोह के लिए भड़काने और विद्रोहियों की सहायता से ब्रितानी कार्यालयों को नुकसान पहुँचाने के आरोपों में ये पकड़े गए एवं ब्रितानी सेना के साथ मुठभेड़ में मारे गए।

24. **पूरन :** 1857 ई. के स्वतंत्रता-संग्राम में लूट-पाट और विद्रोह के आरोप में ये पकड़े गए एवं बाद में आजीवन कारावास की अवधि में जेल में ही शहीद हो गए।

25. **बख्तावर सिंह :** ये फतेहपुर के रहने वाले थे, जिन्होंने खागा निवासी महान क्रांतिकारी दरियाव सिंह के नेतृत्व में 1857 ई. की क्रांति में अँग्रेजों के खिलाफ अनेक लड़ाइयाँ लड़ीं और अंत में बाँदा (अब चित्रकूट) जनपद के पुरवा तरौंहा स्थित पड़ाव में मोर्चा सँभालते हुए अँग्रेजों से हुई मुठभेड़ में शहीद हो गए।

26. **बहादुर सिंह :** ये खागा के रहने वाले थे और क्रांतिवीर दरियाव सिंह के चचेरे भाई थे। महान स्वतंत्रतासेनानी दरियाव सिंह के नेतृत्व में 1857 ई. की क्रांति में इन्होंने अँग्रेजों के खिलाफ अनेक लड़ाइयाँ लड़ीं। अपने साथियों के साथ पकड़े जाने पर न्याय के नाटक के बाद 06 मार्च 1858 ई. को दरियाव सिंह, निर्मल सिंह, सुजान सिंह, तुरंग सिंह, रघुनाथ सिंह और शिवदयाल सिंह के साथ इन्हें भी फाँसी दे दी गई।

27. **बेनीमाधव सिंह :** ये शंकरपुर के रहने वाले थे और अमर शहीद दरियाव सिंह के अभिन्न मित्र थे। सन् 1857 ई. की क्रांति में इन्होंने क्रांतिकारियों का पूरा साथ दिया था और ब्रितानियों से लोहा लेते हुए शहीद हो गए।

28. **मदन सिंह :** इन्होंने स्थानीय लोगों के सहयोग से ब्रितानी खजाने को नुकसान पहुँचाया, जिसके चलते अँग्रेजी सेना द्वारा 1857 के स्वतंत्रता-संग्राम में घात लगाकर ये मारे गए।

29. **महाराज सिंह :** पहुर के रहने वाले इस महावीर स्वतंत्रतासेनानी के बारे में कहा जाता है कि ये जोधासिंह अटैया के सेनापति थे, जिन्होंने गंगापार के अपने निर्वासित ठिकाने से अपने लगभग तीन हजार सैनिकों के साथ 16 मई 1858 से गंगा किनारे शिवराजपुर में अपना पड़ाव डाल दिया था और मौका देखकर तीन-चार जून (1858 ई.) के बीच की रात में अपने साथियों की सहायता से खजुहा के निकट स्थित उस इमली के पेड़ (अब बावनी इमली के नाम से प्रसिद्ध) से ठाकुर जोधासिंह अटैया सहित सभी बावन शहीदों के अस्थिपंजरों को उतरवाकर गंगा में प्रवाहित करवा दिया था। (स्रोत–'प्रथम स्वतंत्रता-संग्राम में फतेहपुर जनपद का योगदान' : चंद्रपालसिंह, 'अनुवाक'–प्रधान संपादक संपादक : डॉ. ओउमप्रकाश अवस्थी, साहित्य रत्नालय, गिलिस बाजार, कानपुर-208001, दूसरा संस्करण, 2015, पृष्ठ 23)

30. **मिर्ज़ा :** 1857 ई. के स्वतंत्रता-संग्राम में लोगों को विद्रोह के लिए भड़काने और विद्रोहियों की आर्थिक सहायता के आरोपों में ये अँग्रेजी सेना द्वारा पकड़े गए एवं तत्पश्चात् ब्रितानी आक्रमण में शहीद हो गए।

31. **मुनीर खाँ :** 1857 ई. के स्वतंत्रता-संग्राम में लोगों को विद्रोह के लिए भड़काने

और विद्रोहियों की आर्थिक सहायता के साथ-साथ ब्रितानी अधिकारियों पर आक्रमण करने के आरोपों में ये पकड़े गए एवं ब्रितानी हुकूमत द्वारा फाँसी पर चढ़ा दिए गए।

32. **मेहर अली :** 1857 ई. के स्वतंत्रता-संग्राम में लोगों को विद्रोह के लिए भड़काने और विद्रोहियों के साथ ब्रितानी भवनों पर आक्रमण के आरोपों में ये अँग्रेजी सेना द्वारा पकड़े गए एवं बाद में ब्रितानी छापामारी कार्यवाही में शहीद हो गए।

33. **मोतीलाल :** 1857 ई. के स्वतंत्रता-संग्राम में लोगों को विद्रोह के लिए भड़काने और विद्रोहियों की सहायता से ब्रितानी संपत्ति को नष्ट करने के आरोपों में ये पकड़े गए तथा बाद में ब्रितानी सेना की कार्यवाही में शहीद हो गए।

34. **मोहम्मद खाँ :** 1857 ई. के स्वतंत्रता-संग्राम में लोगों को विद्रोह के लिए भड़काने और विद्रोहियों की आर्थिक सहायता के आरोपों में ये पकड़े गए। बाद में ब्रितानी छापामारी कार्यवाही में शहीद हो गए।

35. **मोहम्मद दीन :** 1857 ई. के स्वतंत्रता-संग्राम में लूट-पाट और विद्रोह के आरोप में ये अँग्रेजी सेना द्वारा पकड़े गए एवं बाद में फाँसी पर चढ़ा दिए गए।

36. **मोहम्मद फज़ल :** 1857 ई. के स्वतंत्रता-संग्राम में लूट-पाट और विद्रोह के आरोप में ये अँग्रेजी सेना द्वारा पकड़े गए एवं बाद में आजीवन कारावास की अवधि में जेल में ही शहीद हो गए।

37. **रघुनाथ सिंह :** खागा निवासी महान क्रांतिकारी दरियाव सिंह के नेतृत्व में 1857 ई. की क्रांति में इन्होंने अँग्रेजों के खिलाफ अनेक लड़ाइयाँ लड़ीं और अंत में पकड़े जाने पर अनेक साथियों के साथ इन्हें भी फाँसी दे दी गई।

38. **रहीम बख्श :** 1857 ई. के स्वतंत्रता-संग्राम में लोगों को विद्रोह के लिए भड़काने और विद्रोहियों की आर्थिक सहायता के साथ-साथ ब्रितानी ठिकानों पर अनेक आक्रमण करने के आरोपों में ब्रितानी हुकूमत द्वारा ये घात लगाकर शहीद कर दिए गए।

39. **रुस्तम अली :** 1857 ई. के स्वतंत्रता-संग्राम में लोगों को विद्रोह के लिए भड़काने और विद्रोहियों की आर्थिक सहायता के साथ-साथ ब्रितानी ठिकानों पर अनेक आक्रमण करने के आरोपों में ब्रितानी हुकूमत द्वारा घात लगाकर पकड़े जाने पर इन्हें फाँसी दे दी गई।

40. **रामदीन :** 1857 ई. के स्वतंत्रता-संग्राम में लोगों को विद्रोह के लिए भड़काने और विद्रोहियों की आर्थिक सहायता के आरोपों में ये भी पकड़े गए एवं बाद में ब्रितानी सेना द्वारा की गई कार्यवाही में मारे गए।

41. **रामप्रसाद :** 1857 ई. के स्वतंत्रता-संग्राम में लूट-पाट और विद्रोह के आरोप में ये पकड़े गए एवं बाद में अँग्रेजी सेना द्वारा फाँसी पर चढ़ा दिए गए।

42. **रामलाल :** 1857 ई. के स्वतंत्रता-संग्राम में लोगों को विद्रोह के लिए भड़काने

और विद्रोहियों की आर्थिक सहायता के आरोपों में ये भी पकड़े गए एवं बाद में ब्रितानी छापामारी कार्यवाही में मारे गए।

43. **लालाधर :** ये अँग्रेजी सेना द्वारा 1857 ई. के स्वतंत्रता-संग्राम में मारे गए।

44. **लुखूराम :** ये अँग्रेजी सेना द्वारा 1857 ई. के स्वतंत्रता-संग्राम में मारे गए।

45. **लुत्फ खाँ :** 1857 ई. के स्वतंत्रता-संग्राम में ये फाँसी पर चढ़ा दिए गए।

46. **शमशेर खाँ :** अँग्रेजी सेना द्वारा 1857 ई. के स्वतंत्रता-संग्राम में लूट-पाट और विद्रोह के आरोप में ये पकड़े गए एवं बाद में आजीवन कारावास की अवधि में 1858 ई. में जेल में ही मृत्यु को प्राप्त हो गए।

47. **शिवदयाल सिंह** (सन् 1815 से 1858 ई.) : ये जमुरावाँ के रहने वाले थे और 1857 ई. के स्वतंत्रता-संग्राम में लोगों को विद्रोह के लिए भड़काने, ब्रितानी सरकार उखाड़ फेंकने और विद्रोहियों की आर्थिक सहायता के साथ-साथ फतेहपुर-कानपुर संभाग सहित अनेक स्थानों पर महीनों युद्ध लड़ने के आरोप इन पर लगे, साथ ही ब्रितानी ठिकानों पर अनेक आक्रमण करने के आरोप सहित अन्य आरोपों में इन्हें इनके साथियों के साथ 06 मार्च 1858 ई. को मृत्युदंड की सजा दे दी गई और इनकी संपत्ति जब्त कर ली गई।

48. **शिवरानी देवी** (सन् 1914-1943 ई.) : फतेहपुर नगर से दक्षिण 13 किलोमीटर दूर गाजीपुर निवासिनी, शिवरानी देवी 1943 ई. में शहीद हुई थीं। इनके पति बसंत सिंह भी स्वतंत्रतासेनानी होने के साथ-साथ राजनेता और समाजसेवी थे। इनके पति के पितामह ठाकुर ईश्वर सिंह क्रांतिवीर थे, जो भारत के प्रथम स्वाधीनता-संग्राम में बलिदान हो गए थे। शिवरानी देवी फतेहपुर जनपद की नारियों के लिए आदर्श थीं और स्वातंत्र्य वीरांगना होने के साथ-साथ गीतकार भी थीं। उनके तीन स्वातंत्र्य गीत डॉ. बालकृष्ण पांडेय के संपादन में छपी कृति 'यशस्वी पीढ़ियाँ' में 2011 ई. में प्रकाशित हुए हैं। शिवरानी देवी सही मायने में अपने पति की सहधर्मिणी थीं, जो आन-बान-शान से राष्ट्र-मुक्ति के यज्ञ में उनके साथ कंधा से कंधा मिलाकर राष्ट्रधर्म निभाती रहीं और अंततः अँग्रेजी सत्ता की क्रूरता की शिकार हुईं। वे भारतीय स्वतंत्रता-संग्राम के दौरान फतेहपुर जनपद के उकाथू गाँव में फरवरी 1931 के अंतिम सप्ताह में भारत के सबसे बड़े सत्याग्रही धरने में काँग्रेस की रीति-नीति के अनुकूल सक्रियतापूर्वक संयोजक के रूप में शामिल हुईं। इस धरने में 1175 स्वयंसेवक बसंत सिंह और वंशगोपाल के निर्देशन में एक सप्ताह तक धरना देते रहे। इस धरने में शिवनाथ सिंह (जो बाद में शहीद हो गए), पन्नालाल गुप्त, युगुलकिशोर द्वि वेदी, स्वामी मग्नानंद और कृष्णचंद्र जैसे बड़े स्वतंत्रतासेनानी शामिल थे। 03 मार्च को गाँधीजी के इलाहाबाद आगमन पर वे सभी स्वयंसेवियों सहित गाँधीजी की सभा में पहुँचीं। वे इतनी निर्भीक, निडर व साहसी थीं कि गाँधीजी द्व

ारा इरविन के साथ असमय किए गए समझौते पर सवाल उठाने से भी नहीं चूकीं। उन्होंने फतेहपुर के नोनारा-कांड के पीड़ितों की भी मदद की थी, जिसमें इकहत्तर स्वयंसेवी तहसीलदार की हत्या के मुकदमे में आरोपी बनाए गए थे। वे काँग्रेस के अधिवेशनों में भी शामिल होकर काँग्रेस के राष्ट्रीय नेताओं से मिलकर जनपद फतेहपुर के स्वतंत्रता आंदोलन को आगे बढ़ाने में उनका मार्गदर्शन लेती रहती थीं। उन्होंने अपनी कार्य-प्रणाली से अँग्रेजी सरकार की नाक में दम कर दी थी, जिसके कारण भारत छोड़ो आंदोलन के कुछ समय बाद उन्हें गिरफ्तार कर लिया गया एवं कैद में उनसे राज उगलवाने हेतु दबाव डालने के लिए उन्हें अम्ल मिश्रित पिसे काँच का मिश्रण पिलाया गया और फिर भी उनके नहीं टूटने पर जब उनकी हालत बहुत अधिक बिगड़ गई, तो उन्हें मुक्त कर दिया गया, किंतु उनको बचाया नहीं जा सका और फलतः 1943 में वे शहीद हो गईं।

49. **शीतल सिंह :** अँग्रेजी सेना द्वारा 1857 ई. के स्वतंत्रता-संग्राम में लोगों को विद्रोह के लिए भड़काने और विद्रोहियों की आर्थिक सहायता के आरोपों में ये पकड़े गए एवं ब्रितानी छापामारी कार्यवाही में शहीद हो गए।

50. **शेख अली :** ये अँग्रेजी सत्ता से स्वयं लोहा लेते रहे और लोगों को भी विद्रोह के लिए आर्थिक मदद देते रहे। अँग्रेजों से आमने-सामने की लड़ाई में ये 1857 ई. में शहीद हो गए।

51. **शेर सिंह :** 1857 ई. के स्वतंत्रता-संग्राम में लोगों को विद्रोह के लिए भड़काने और विद्रोहियों की आर्थिक सहायता के आरोपों में ये पकड़े गए एवं ब्रितानी छापामारी कार्यवाही में मारे गए।

52. **सादिक अली :** 1857 ई. के स्वतंत्रता-संग्राम में पड़ोसी लोगों को विद्रोह के लिए भड़काने, ब्रितानी सरकार उखाड़ फेंकने और विद्रोहियों की आर्थिक सहायता के साथ-साथ ब्रितानी ठिकानों पर अनेक आक्रमण करने के आरोपों में ब्रितानी हुकूमत द्वारा घात लगाकर ये शहीद कर दिए गए।

53. **सीताराम :** नारायणपुर मजरे कलाना के वासी इस योद्धा को 1857 ई. के स्वतंत्रता-संग्राम में लोगों को विद्रोह के लिए भड़काने और विद्रोहियों की आर्थिक सहायता के आरोपों में पकड़ा गया एवं ब्रितानी छापामारी कार्यवाही में मार डाला गया।

54. **सुजान सिंह :** ये खागा के महानायक दरियाव सिंह के पुत्र थे। 08 जून 1857 ई. को क्रांतिवीर दरियाव सिंह के इस वीर सेनानायक पुत्र ने खागा तहसील के राजकोष पर कब्जा कर लिया था और स्वतंत्रता का ध्वज लहरा दिया था। तत्पश्चात् 09 जून को फतेहपुर कचहरी और राजकोष में कब्जा जमाने के लिए उन्होंने अपने सारे सैनिकों के साथ धावा बोल दिया था, जिसमें अटैया रसूलपुर के जोधासिंह अटैया, जमुरावाँ के ठाकुर शिवदयाल सिंह, कोराईं के

बाबा गयादीन दुबे भी अपने क्रांतिकारी साथियों के साथ शामिल हुए थे। अनेक मोर्चों पर विजय प्राप्त करते हुए ये 32 दिनों तक फतेहपुर जनपद को स्वतंत्र रहे। अपने महान पिता के साथ पकड़े जाने पर न्याय-व्यव्यस्था के द्वारा नाटक खेला गया और फिर 06 मार्च 1858 ई. को पिता दरियाव सिंह समेत निर्मल सिंह, तुरंग सिंह, रघुनाथ सिंह और शिवदयाल सिंह के साथ इन्हें भी फाँसी दे दी गई।

55. **सुदल :** 1857 ई. के स्वतंत्रता-संग्राम में लोगों को विद्रोह के लिए भड़काकर ये स्वयं अनेक लड़ाइयाँ लड़े एवं ब्रितानी सेना के साथ लड़ते हुए शहीद हो गए।

56. **सुभान खाँ :** 1857 ई. के स्वतंत्रता-संग्राम में लोगों को विद्रोह के लिए भड़काने और विद्रोहियों की आर्थिक सहायता के आरोपों में ये पकड़े गए एवं ब्रितानी छापामारी कार्यवाही में मारे गए।

57. **सुरजू सिंह :** 1857 ई. के स्वतंत्रता-संग्राम में लोगों को विद्रोह के लिए भड़काकर इन्होंने अनेक लड़ाइयाँ लड़ीं एवं ब्रितानी सेना के साथ लड़ते हुए शहीद हो गए।

58. **सेवक सिंह :** 1857 ई. के स्वतंत्रता-संग्राम में पड़ोसी लोगों को विद्रोह के लिए भड़काने, ब्रितानी सरकार उखाड़ फेंकने और विद्रोहियों की आर्थिक सहायता के साथ-साथ फतेहपुर-कानपुर संभाग में ब्रितानी ठिकानों पर अनेक आक्रमण करने के आरोपों में ब्रितानी हुकूमत द्वारा घात लगाकर ये शहीद कर दिए गए।

59. **हसन खाँ :** 1857 ई. के स्वतंत्रता-संग्राम में लोगों को विद्रोह के लिए भड़काने और विद्रोहियों की आर्थिक सहायता के आरोपों में ये पकड़े गए एवं ब्रितानी छापामारी कार्यवाही में मारे गए।

60. **हातिम अली बेग :** 1857 ई. के स्वतंत्रता-संग्राम में विद्रोहियों के एक गुट का नेतृत्व करते हुए इन्होंने अनेक मोर्चे सँभाले। बाद में ये गिरफ्तार हुए और फाँसी पर लटका दिए गए।

61. **होशियार खाँ :** 1857 ई. के स्वतंत्रता-संग्राम में इन्होंने स्थानीय लोगों को विद्रोह के लिए प्रेरित किया और स्वयं अनेक मोर्चे सँभाले, बाद में जब ये गिरफ्तार हुए, तो फाँसी पर लटका दिए गए।

62. **हिकमत उल्ला खाँ :** कानपुर के रहने वाले हिकमत उल्ला खाँ 1857 की क्रांति के समय फतेहपुर जनपद के मुख्यालय में डिप्टी कलेक्टर के पद पर सेवारत थे। वे एक राष्ट्रवादी भारतीय अधिकारी थे, इसलिए क्रांतिकारियों से जुड़े हुए थे। फलतः क्रांति के समय उन्होंने स्वयं ही विद्रोहियों का नेतृत्व किया और ठाकुर दरियाव सिंह आदि के साथ मिलकर फतेहपुर को स्वतंत्र करवाया। क्रांतिकारियों की पराजय के बाद उन्हें गिरफ्तार कर लिया गया और मुकदमा चलाकर मृत्युदंड की सजा दी गई और एक पेड़ से लटकाकर 1858 ई. में उन्हें शहीद कर दिया गया।

63. **बावनी इमली के शहीद :** 28 अप्रैल 1858 को बिंदकी-खजुहा मार्ग (मुगल रोड) पर बिंदकी से तीन किलोमीटर दूर, खजुहा से पहले, सड़क के बगल में स्थित इमली के पेड़ पर जोधासिंह अटैया, ईसुरी सिंह सहित बावन स्वतंत्रतासेनानियों को सामूहिक रूप से लटकाकर फाँसी दे दी गई थी। जनपद के लोगों में अँग्रेजों की जुल्मी सत्ता का इतना अधिक भय व्याप्त हो गया था कि 1858 ई. की तीन जून तक ये शव इमली के पेड़ से लटकते रहे। चीलों-गिद्धों ने उन्हें नोच-नोचकर मांसहीन बना दिया था, जिससे वे मात्र कंकाल बनकर रह गए थे। कहा जाता है कि जोधासिंह अटैया के सेनापति महाराज सिंह ने गंगापार के अपने निर्वासित ठिकाने से अपने लगभग तीन हजार सैनिकों के साथ 16 मई 1858 से गंगा किनारे शिवराजपुर में अपना पड़ाव डाला और मौका देखकर तीन-चार जून के बीच की रात में अपने साथियों की सहायता से उन सभी अस्थिपंजरों को गंगा में प्रवाहित किया। (स्रोत—'प्रथम स्वतंत्रता-संग्राम में फतेहपुर जनपद का योगदान' : चंद्रपालसिंह, 'अनुवाक'—प्रधान संपादक संपादक : डॉ. ओउमप्रकाश अवस्थी, साहित्य रत्नालय, गिलिस बाजार, कानपुर-208001, दूसरा संस्करण, 2015, पृष्ठ 23)

अन्य स्रोतों से प्राप्त जानकारी के अनुसार गयाप्रसाद पांडेय, (पपरेंदा), गुरुप्रसाद पांडेय, (पपरेंदा), छविनाथ (आदिल), दुनियापति सिंह (समसाही), देवीचरन (आजमपुर गढ़वा), द्वारिका (भगौनापुर), द्वारिकाप्रसाद (इब्राहीमपुर), पंचमराम (भवराजपुर), परभू (नोनारा), परशुराम उमराव (आजमपुर गढ़वा), पूसू (डिघरुवा), प्यारेलाल तिवारी (नोनारा), बंदीदीन पांडेय (कुरसम), भारत सिंह (बिरनई), महावीर (चिल्ली), मानाप्रसाद (बिधनापुर), युगुलकिशोर द्विवेदी, राजाराम (डिघरुवा), रामचरन (अमौली), रामदत्त (न्यौरी जलालपुर), रामधनी (होड़वा मजरे डिघरुवा), रामपाल (गढ़वा), रामरतन (नोनारा), रामेश्वर (अमौली कला), लछिमन (बारा), शहजादेप्रसाद (बिरनई), शिवनारायण तिवारी (नोनारा), शिवराम (बकियापुर), शिवसागर (उमरी), श्यामलाल सचान (बुढ़वाँ), सिच्चा सिंह (सरकंडी), सूरजदीन (बिरनई) आदि अन्य क्रांतिवीर भी सन् 1857 ई. के भारतीय स्वतंत्रता-संग्राम में फतेहपुर जिले में शहीद हुए थे।

फतेहपुर जनपद को गौरवांवित करने वाले अमर स्वतंत्रता सेनानियों और शहीदों की एक लंबी सूची है, जिनमें अब्दुल खाँ, अहमद अली, ऐयाज़ खाँ, अली जान, बैजूप्रसाद, बीहा, भैरोंनाथ, बुद्दीन, बख्श सिंह, दईम खाँ, देबीचंद, धनपत राय, दयाराम, फकीरुद्दीन, फकीरे, फतेहसिंह चौधरी, फौज अली, गौहर अली, गिरधर, गिरधारी, गेंदा सिंह, गुलाम रसूल, गंभीरू, गंगाराम आदि के नाम

INDIAN COUNCIL OF HISTORICAL RESEARCH
35, FEROZESHAH ROAD, NEW DELHI - 110 001
द्वारा

MANAK PUBLICATIONS PVT. LTD
B-7, Saraswati Complex, Subhash Chowk,
Laxmi Nagar, New Delhi 110092 INDIA

के सहयोग से प्रकाशित Dictionary of Martyrs: India's Freedom Struggle (1857-1947) Vol. 2, Part I & II (प्रकाशन वर्ष : 2013) में दर्ज हैं। उपर्युक्त शहीदों की सूची में से कुछ के केवल नाम इन्हीं ग्रंथों से साभार लिए गए हैं।

फतेहपुर जनपद के एकमात्र जीवित स्वतंत्रतासेनानी श्री विश्वनाथ खन्ना का साक्षात्कार

'आजादी का अमृत महोत्सव' मनाने के संकल्प को दृष्टिगत रखते हुए अपने उत्तरप्रदेश के प्रत्येक जनपद के इतिहास के लेखन की प्रक्रिया युद्धस्तर पर जारी है। इसी क्रम में ध्यातव्य है कि संस्कृति विभाग, उ.प्र. द्वारा स्वतंत्रता प्राप्ति में उत्तर प्रदेश के सभी 75 जनपदों के महानायकों और स्वतंत्रता सेनानियों की भूमिकाओं को निर्धारित करते हुए समस्त जनपदों के इतिहास के लेखन का कार्य अलग-अलग करवाए जाने का निर्णय लिया गया है, जिसमें जनपद के सामान्य भौगोलिक, ऐतिहासिक, सांस्कृतिक आदि धरातलों पर परिचय के साथ ही जनपद द्वारा स्वतंत्रता-आंदोलन में निभाई गई भूमिका का विशिष्ट उल्लेख किया जाना है। इसी क्रम में 25 अप्रैल 2022 को इस महती परियोजना के समन्वयक श्री आलोक पराड़कर, लखनऊ ने मुझसे संपर्क किया था और फिर बाद में 19 जुलाई 2022 की शाम को लखनऊ स्थित **उ.प्र. संगीत नाटक अकादमी (संस्कृति विभाग, उ.प्र.)** की श्रीमती शैलजा पाठक ने फतेहपुर जनपद से संबंधित (उपर्युक्त संदर्भित) पुस्तक-लेखन हेतु सचलभाष पर मेरी मौखिक सहमति ली और तत्पश्चात् उसी दिन देर शाम को मुझे पत्र, रूपरेखा आदि ईमेल से प्रेषित की। मुझसे बताया गया और पत्र में भी लिखकर भेजा गया कि पुस्तक की टंकित पांडुलिपि की सॉफ्टकॉपी और हार्डकॉपी दोनों ही 05 अगस्त 2022 तक उपलब्ध करवा दी जाएँ। इतने कम समय में इतने बड़े और महत्त्वपूर्ण कार्य को निर्धारित अवधि में पूरा कर पाना अत्यंत चुनौतीपूर्ण था; ऐसे में यदि श्री राममनोहर यादव महाविद्यालय, फतेहपुर के प्राचार्य और हिंदी के लब्धप्रतिष्ठ विद्वान मित्रवर डॉ. गयाप्रसाद 'सनेही' ने सर्वेक्षक का, और पंजाब के फगवाड़ा में स्थित लवली प्रोफेशनल यूनिवर्सिटी के हिंदी के सहायक आचार्य (फतेहपुर निवासी) प्रियवर डॉ. बृजेंद्र अग्निहोत्री ने शोधकर्ता का दायित्व न स्वीकार किया होता, तो अकेले मेरे लिए यह कार्य समय पर पूरा करना असंभव था। महाविद्यालय के अपने अनेक दायित्वों के साथ-साथ यह गुरुतर कार्य असंभव-सा प्रतीत हुआ, फिर भी, प्रभु का स्मरण करते हुए अन्य लेखकीय गतिविधियों को बीच में छोड़कर प्राण-पण से इस कार्य के प्रति पूर्णतः समर्पित होकर लग गया। 30 जुलाई शनिवार को किसी तरह से समय निकालकर डॉ. गयाप्रसाद 'सनेही' के और वीडियोग्राफर अंकितकुमार सिंह को

साथ लेकर फतेहपुर जनपद के कल्याणपुर थाने के सामने स्थित जीवित किंवदंती श्री विश्वनाथ खन्ना जी के आवास पर गया और उनका साक्षात्कार लिया। उन्होंने पूछे गए प्रश्नों के उत्तर बड़ी बेबाकी से दिए। प्रस्तुत है उनसे की गई मेरी और डॉ. गयाप्रसाद श्सनेही' जी की बातचीत का पूरा विवरण—

डॉ. अश्विनीकुमार शुक्ल : सादर प्रणाम! मैं डॉ. अश्विनीकुमार शुक्ल, फतेहपुर का मूल निवासी और इस समय पं. जवाहरलाल नेहरू महाविद्यालय के हिंदी विभाग का अध्यक्ष हूँ। और, हमारे मित्र हैं—डॉ. गयाप्रसाद 'सनेही'। आप राममनोहर महाविद्यालय, फतेहपुर के प्राचार्य हैं। उत्तर प्रदेश सरकार ने मुझे एक दायित्व दिया है कि इस 'आज़ादी के अमृत महोत्सव' में फतेहपुर का एक इतिहास लिखा जाए, जिसमें हमारे जो स्वतंत्रतासेनानी जीवित हैं, उनके बारे में विस्तार से जानकारी ली जाए, उनका साक्षात्कार लिया जाए। इसी संदर्भ में मैं अपने साथी गयाप्रसाद जी के साथ उपस्थित हूँ और आपसे कुछ प्रश्न करना चाहता हूँ, अपने इस फतेहपुर के लोगों के जीवन से संबंधित और आज देश में, समाज में क्या चल रहा है, इन सबके बारे में आपकी क्या राय है, विचार हैं, ये सब जानना चाहते हैं। तो, सबसे पहले तो हम यह जानना चाहेंगे कि आपकी जन्मतिथि क्या है?

श्री विश्वनाथ खन्ना जी : उम्र बहुत हो चुकी है, याददाश्त कमजोर हो चुकी है, इसलिए मुझे याद नहीं है। (पीछे से उनके छोटे सुपुत्र श्री संजय खन्ना जी ने बताया कि उनके पिता जी की जन्मतिथि 24 जून 1919 है।)

डॉ. अश्विनीकुमार शुक्ल : आप सौ वर्ष से भी अधिक के हो चुके हैं। हम लोग सौभाग्यशाली हैं कि हमारे बीच आप जैसे महापुरुष हैं, जिन्होंने देश की स्वतंत्रता में बहुत बड़ा योगदान दिया है और सौ साल की उम्र में हम लोगों के ऊपर आपकी छत्रछाया बनी हुई है, यह बहुत बड़ी बात है। भगवान आपकी छाया बनाए रखें हमारे ऊपर। वैसे जन्मस्थान आपका यही है—कल्याणपुर? (उन्होंने स्वीकृति में सिर हिलाया।) आपके पिता जी का नाम श्री श्यामकिशोर खन्ना था?

श्री विश्वनाथ खन्ना जी : हाँ।

डॉ. अश्विनीकुमार शुक्ल : अपनी माता जी का नाम आप बताना चाहेंगे?

(उन्हें अपनी माता जी का नाम विस्मृत हो गया, इसलिए उनके सुपुत्र संजय जी ने याद दिलाते हुए स्वर्गीया सरला देवी बताया और उनके सुपौत्र (श्री संजय खन्ना के अधिवक्ता सुपुत्र) सत्यम ने जोड़ा कि जब उनके बाबा जी यानी श्री विश्वनाथ जी दो वर्ष के थे, तभी उनकी दादी जी का निधन हो गया था।)

डॉ. अश्विनीकुमार शुक्ल : और, आपकी धर्मपत्नी जी का क्या नाम था?

श्री विश्वनाथ खन्ना जी : उर्मिला खन्ना।

डॉ. अश्विनीकुमार शुक्ल : आपने शिक्षा कहाँ तक ली है?

श्री विश्वनाथ खन्ना जी : मिडिल तक।

डॉ. अश्विनीकुमार शुक्ल : अच्छा, कहाँ से पढ़ाई की आपने? बिंदकी से? विद्यालय का नाम याद है आपको?

श्री विश्वनाथ खन्ना जी : नेहरू इंटर कॉलेज (इंटरनेट में ढूँढ़ने पर पता चला कि पूरा नाम नगर पालिका इंटर कॉलेज, बिंदकी है, जो सन् 1941 ई. में स्थापित हुआ था। मिडिल तक की कक्षाएँ बहुत पहले शुरू हो गई थीं।)

डॉ. अश्विनीकुमार शुक्ल : आपके पूर्वजों में से भी स्वतंत्रता-संग्राम या बलिदान वाली सेवा देश के लिए की थी?

श्री विश्वनाथ खन्ना जी : नहीं।

डॉ. अश्विनीकुमार शुक्ल : कहीं पढ़ा था कि आपके पिता जी कानपुर की किसी अँग्रेजी कंपनी में थे और नेहरू जी की प्रशंसा करने के कारण उनके मतभेद हो गए थे, जिससे उन्हें नौकरी से निकाल दिया गया। आपके ताऊ जी श्री नवलकिशोर जी भी किसी सेवा में थे, तो उनके साथ भी कुछ ऐसा ही हुआ था।

श्री विश्वनाथ खन्ना जी : ताऊ जी इलाहाबाद (प्रयागराज) में बैंक थे। उनके परिवार के लोग आज भी प्रयागराज में ही रहते हैं। पिता जी कानपुर में थे। वे दोनों लोग ही गाँधीजी और नेहरू जी के भक्त थे तथा खादी के वस्त्र पहनते थे। अँग्रेज अधिकारी खादी के वस्त्र पहनने को मना करते थे, इसीलिए उन लोगों ने नौकरी ही त्याग दी।

डॉ. अश्विनीकुमार शुक्ल : देश के स्वतंत्र होने के बाद आपने कोई नौकरी या सेवा की?

श्री विश्वनाथ खन्ना जी : नहीं, व्यवसाय किया। पिता जी ने कानपुर से लौटकर व्यापार शुरू किया। मैंने भी उनका हाथ बटवाया। गल्ले-राशन का व्यापार किया।

डॉ. अश्विनीकुमार शुक्ल : देश के स्वतंत्र होने के समय आप युवा होंगे?

श्री विश्वनाथ खन्ना जी : हाँ, उन दिनों पढ़ाई बहुत लेट-लतीफ उम्रदराज होने पर शुरू होती थी। 'असहयोग आंदोलन' और 'भारत छोड़ो आंदोलन' में हम लोग बढ़-चढ़कर भाग लिए। हम लोंगो की जब पहली गिरफ्तारी हुई, तो मैं नाबालिग था, इसलिए जल्दी ही छोड़ दिया गया, जबकि हमारे अन्य साथी लंबे समय तक जेलों में रहे। उन्हें नैनी सेंट्रल जेल में भेज दिया गया था। उन्हीं साथियों में से एक गुनीर के सुरेंद्र सिंह थे, जो अब हमारे बीच नहीं हैं।

(एक और नाम उन्होंने स्वर्गीय श्यामलाल का बताया था, झंडा-गीत रचयिता श्यामलाल गुप्त 'पार्षद' से इतर थे। अन्य साथियों के नाम अब उन्हें याद नहीं हैं।)

डॉ. अश्विनीकुमार शुक्ल : विजयीपुर के प्रसिद्ध स्वतंत्रतासेनानी श्री रामगोपाल त्रिपाठी जी को आप जानते होंगे? वे सन् 1942 के आंदोलन में गाँधीजी के साथ जेल गए थे।

श्री विश्वनाथ खन्ना जी : नहीं, हम गाँधीजी के साथ कभी जेल नहीं गए।

डॉ. अश्विनीकुमार शुक्ल : भारत जब आजाद हुआ होगा, तो आप युवा रहे होंगे।

देश के स्वतंत्र होने पर आपको कैसा महसूस हुआ था?

श्री विश्वनाथ खन्ना जी : बहुत अच्छा लगा था। हमारी मेहनत सफल हुई थी। हमारे अनेक साथियों का बलिदान काम आया था। सभी बड़े जोश और धूमधाम से आजादी का जश्न मना रहे थे, हमने भी मनाया।

डॉ. अश्विनीकुमार शुक्ल : स्वतंत्रता के बाद से, सन् 1950 से और नई शताब्दी में आप देश व समाज में क्या परिवर्तन देख रहे हैं?

श्री विश्वनाथ खन्ना जी : बहुत अधिक परिवर्तन हुआ है। देश में खुशहाली और समृद्धि बढ़ी है। पहले लोग बहुत गरीब थे और बहुत सारे लोगों को एक जून का भी भोजन नहीं मिल पाता था। अब ऐसी बात नहीं है। कम से कम अब लोग भूखे पेट नहीं सोते हैं।

डॉ. अश्विनीकुमार शुक्ल : ढाँचागत विस्तार भी बहुत हुआ है, आप यह मानते होंगे। आपके घर के सामने जो अब छह लेन का राष्ट्रीय मार्ग है, आपको याद हो, तो आपके बचपन में यह बहुत सँकरा रहा होगा।

श्री विश्वनाथ खन्ना जी : अवश्य, बहुत विकास हुआ है। तब बैलगाड़ियाँ चलतीं थीं। हम स्वयं अपनी व्यापारिक सामग्री बैलगाड़ी पर लादकर बिंदकी ले जाते थे। हर क्षेत्र में प्रगति हुई है।

डॉ. अश्विनीकुमार शुक्ल : स्वतंत्रता के बाद आपको पेंशन के लिए कोई भाग-दौड़, सिफारिश या रिश्वतखोरी करनी पड़ी या सरकार ने परेशान किया?

श्री विश्वनाथ खन्ना जी : नहीं, सब कुछ सरकार द्वारा आसानी से कर दिया गया, मुझे कोई परेशानी या असुविधा नहीं हुई।

डॉ. अश्विनीकुमार शुक्ल : आप कितने भाई थे और आपकी कितनी संतानें हैं?

श्री विश्वनाथ खन्ना जी : मैं इकलौता ही हूँ और मेरी चार संतानें हैं, तीन पुत्र व एक पुत्री। सबसे बड़े पुत्र का निधन हो चुका है। वह बौना था और अविवाहित भी। मँझला पुत्र कानपुर में अपने परिवार सहित रहता है और दुकानदार है। छोटा पुत्र अपने परिवार के साथ यहीं मेरे साथ रहता है और अपना पुश्तैनी कारोबार करता है। पुत्री विवाहित है और अपने पति व परिवार के साथ कानपुर में रहती है।

डॉ. अश्विनीकुमार शुक्ल : आपके साथ जनपद या प्रदेश के बाहर के भी स्वतंत्रता सेनानी थे क्या? क्या आपके परिचय में कोई हैं?

श्री विश्वनाथ खन्ना जी : नहीं।

डॉ. अश्विनीकुमार शुक्ल : इस समय भारत की संसार में जो स्थिति है, क्या इसे पहले से बेहतर समझते हैं? स्वतंत्रता के समय से अब में स्थिति में परिवर्तन हुआ है?

श्री विश्वनाथ खन्ना जी : हाँ, इस समय अपने देश की स्थिति संसार में बहुत अच्छी है। भारत सशक्त हुआ है। स्वतंत्रता के समय में और अब में बहुत अधिक अंतर है। तब गरीबी व अशिक्षा थी, जो अब बहुत कम हो गई है।

डॉ. अश्विनीकुमार शुक्ल : अपने लोकतंत्र के वर्तमान स्वरूप को आप कैसा समझते हैं, अच्छा या बहुत अच्छा?

श्री विश्वनाथ खन्ना जी : लोकतंत्र की स्थिति सुधरी तो है, किंतु बहुत अच्छी नहीं है। सही व्यक्ति सही जगह नहीं पहुँच रहे हैं।

डॉ. अश्विनीकुमार शुक्ल : देश की वर्तमान राजनीतिक व्यवस्था से आप संतुष्ट हैं?

श्री विश्वनाथ खन्ना जी : आज हर व्यक्ति नेता बनना चाहता है और जो नेता बन गया, वह केवल अपने बारे में सोचता है।

डॉ. अश्विनीकुमार शुक्ल : आपने कभी सोचा कि आपको विधान सभा या संसद में जाना चाहिए?

श्री विश्वनाथ खन्ना जी : नहीं, हमने कभी नहीं सोचा, बल्कि प्रयत्न करते रहे कि सही व्यक्ति का चुनाव हो।

डॉ. अश्विनीकुमार शुक्ल : आप जब स्वतंत्रतासेनानी थे, तो क्या आपके मन में कभी आया कि आपको अपने लिए कुछ करना है या स्वार्थवश कुछ करना है?

श्री विश्वनाथ खन्ना जी : नहीं, ऐसा विचार तो नहीं आया, किंतु यह जरूर है कि अपने बारे में सोचते हुए देश के लिए किया।

डॉ. अश्विनीकुमार शुक्ल : यानि कि आपने पूरी ईमानदारी व निरपेक्ष भाव से अपना काम किया। आज के लोगों के बारे में आप क्या कहेंगे?

श्री विश्वनाथ खन्ना जी : आज के लोग तो अपने-अपने में ही लगे हुए हैं। सब लोग सरकारी पद और साधनों का दुरुपयोग कर रहे हैं। किसी के अंदर उदारता नहीं बची है, उनका वश चले, तो सड़क भी अपने आँगन में कर लें।

डॉ. अश्विनीकुमार शुक्ल : क्या आप अपने पुत्रों-पौत्रों के व्यवहार से संतुष्ट हैं? आप इतने उम्रदराज हुए, तो इनकी सेवा और संस्कारों का यह प्रतिफल होगा।

श्री विश्वनाथ खन्ना जी (मुस्कुराते हुए) : वह तो है ही, संतोष अवश्य है, लेकिन सुनो! सरकार पेंशन देती है, तो ये लोग सेवा करते हैं। (उनके पुत्र और पौत्र सहित सभी उपस्थित लोग ठहाका मारकर हँसते हैं।)

डॉ. अश्विनीकुमार शुक्ल : आज की युवा पीढ़ी को आप क्या संदेश देना चाहेंगे?

श्री विश्वनाथ खन्ना जी : यह तो बेईमानी का संसार है। पड़ोसी चाहता है कि दूसरे पड़ोसी का घर आधा लिखवा ले (अर्थात् आधा घर हड़प ले), इसलिए आज के अधिकांश युवक लाठी लिए घूम रहे हैं (अर्थात् जोर-जबर्दस्ती और अकड़ दिखा रहे हैं। तात्पर्य है कि युवाओं को सही मार्ग दिखाने की बड़ी आवश्यकता है और युवाओं को इस दिशा में सोचना चाहिए।)

डॉ. अश्विनीकुमार शुक्ल : युवाओं और लोगों में सुधार हेतु आप क्या कहना चाहेंगे?

श्री विश्वनाथ खन्ना जी : सबको नैतिकता का पालन करना चाहिए।

डॉ. अश्विनीकुमार शुक्ल : आपकी लंबी उम्र और अच्छी सेहत का राज क्या है?

श्री विश्वनाथ खन्ना जी : बहुत नियम-संयम से रहना, विशुद्ध शाकाहारी भोजन लेना, दूध का सेवन सबसे अधिक करना। बचपन से ही दूध का अधिक मात्रा में करना।

डॉ. अश्विनीकुमार शुक्ल : आपकी दिनचर्या क्या रहती है?

श्री विश्वनाथ खन्ना जी : अधिकांशतः बैठे रहना, थोड़ा घूमना-फिरना, अखबार पढ़ना। हमउम्र तो हैं नहीं, इसलिए अपने बच्चों और आगंतुकों से ही बातचीत होती है। जैसे आप ही गए।

डॉ. अश्विनीकुमार शुक्ल : आप इस उम्र में भी अध्ययनरत हैं, पुस्तकें पढ़ते हैं? पहले आपने कौन-सी पुस्तकें पढ़ी हैं या कौन-सी पुस्तकें पढ़ने का मन होता था?

श्री विश्वनाथ खन्ना जी : नहीं, आँखों से कमजोर हैं। हम बिजनेस वाले थे। यह सामने जो रेलवे लाइन है—कंसपुर गुगौली से करबिगवाँ तक हमारा लेन-देन था, बस यही पढ़ते-पढ़ाते रहे जिंदगी भर।

डॉ. अश्विनीकुमार शुक्ल : लेकिन, समाचारपत्र आप बराबर पढ़ते रहते थे, आज भी पढ़ते हैं। कौन-कौन-से समाचारपत्र आप पढ़ते हैं।

श्री विश्वनाथ खन्ना जी : 'दैनिक जागरण'।

डॉ. अश्विनीकुमार शुक्ल : आपसे बात करके बहुत अच्छा लगा। अब हमारे मित्र डॉ. गयाप्रसाद 'सनेही' जी कुछ प्रश्न आपसे करेंगे।

डॉ. गयाप्रसाद 'सनेही' : मैं डॉ. गयाप्रसाद 'सनेही', प्राचार्य, श्री राममनोहर महाविद्यालय, फतेहपुर। इसके पहले मैं अतर्रा पोस्ट ग्रेजुएट कॉलेज, अतर्रा, बाँदा में एसोसिएट प्रोफेसर था, वहाँ से सेवानिवृत्त होने के बाद मैं जनपद फतेहपुर के महाविद्यालय में इस समय कार्य कर रहा हूँ और जनपद फतेहपुर के इतिहास का चूँकि इतिहास-लेखन होना है, उससे संबंधित बहुत सारे सवाल आदरणीय शुक्ल जी ने कर लिया है। अब बहुत कुछ शेष नहीं रह गया है। मैं दो-चार प्रश्न आपसे करना चाहता हूँ। तो, पहली बात तो यह है कि आपके समकालीन बहुत सारे स्वतंत्रतासेनानी, आपके जमाने के दो-चार साथी, न यहाँ सही, कहीं दूर रहे होंगे, तो दो-एक के नाम बताएँगे, जिनके विषय में आपको जानकारी हो कि मैं यहाँ हूँ और फलाँ वहाँ काम कर रहे हैं?

श्री विश्वनाथ खन्ना जी : नहीं।

डॉ. गयाप्रसाद 'सनेही' : अँग्रेजी सरकार ने किसानों का कई बार टैक्स बढ़ाया, मालगुजारी या लगान दोगुना या तिगुना कर दिया था, तो इसके विरोध में बहुत सारी जनता खड़ी हो जाती थी। तो क्या लगान के विरोध के संदर्भ में आप कभी आंदोलन किए हैं या उसके विरोध में बात कही है?

श्री विश्वनाथ खन्ना जी : हाँ, बिल्कुल बात कही है।

डॉ. गयाप्रसाद 'सनेही' : यानी लगान-आंदोलन में भी लोगों के साथ सहयोग करते आए हैं और उनके खिलाफ बात उठाते रहे हैं।

श्री विश्वनाथ खन्ना जी : हाँ।

डॉ. अश्विनीकुमार शुक्ल (बीच में बोलते हुए) : इसमें एक और प्रश्न जोड़ना चाहूँगा मैं, नोनारा में राजस्व को लेकर बड़ा कांड हुआ था। आप शायद उस समय रहे हों या छोटे रहे हों, उस कांड के बारे में आपको कोई जानकारी? क्योंकि वह बहुत बड़ा कांड था, उसमें इकहत्तर लोगों को आरोपी बनाया गया था, उनमें से कुछ को मृत्युदंड दे दिया गया था, कुछ को सीधे गोली मार दी गई थी; जैसे शिवनारायण तिवारी थे। इससे नाराज होकर शिवनारायण तिवारी के पुत्र दुलारे तिवारी ने तहसीलदार की हत्या कर दी थी।

श्री विश्वनाथ खन्ना जी : हाँ, हम छोटे थे। उस कांड के बारे में कोई जानकारी नहीं है। सुना है, लेकिन उतना कुछ मालूम नहीं।

डॉ. गयाप्रसाद 'सनेही' : आपके पिता जी कानपुर में अँग्रेजी कंपनी में नौकरी करते थे।

श्री विश्वनाथ खन्ना जी (बीच में हस्तक्षेप करते हुए) : नहीं, वे इलाहाबाद बैंक में नौकरी करते थे। नेहरू जी का गुणगान करते थे और खद्दर पहनते थे, इसलिए उन्हें नौकरी से हटाया गया। हमारे ताऊ को भी हटाया गया, वे इंजीनियर थे, इलाहाबाद में।

डॉ. गयाप्रसाद 'सनेही' : अच्छा, वे किस विभाग में थे? वे भी बैंक में थे?

श्री विश्वनाथ खन्ना जी : नहीं, वे सड़क विभाग में थे, पीडब्ल्यूडी में। वे भी खद्दर पहनते थे, अधिकारी बोले खद्दर उतारकर आओ, खद्दर से चिढ़ की वजह से। उन्होंने बात नहीं मानी, तो उन्हें भी नौकरी छोड़नी पड़ी।

डॉ. गयाप्रसाद 'सनेही' : 1942 (ई.) के 'भारत छोड़ो आंदोलन' के संबंध में आपके बारे में हमने यह पढ़ा है कि तब आप यहीं पढ़ते थे, नेहरू कॉलेज में, तो आप बीस लड़के लेकर कहीं गए और 'भारत माता की जय' बोली और अँग्रेजों के खिलाफ नारेबाजी की, तो फिर अँग्रेजी सरकार ने आपको जेल में डाल दिया। तो, वे जो बीस लड़के थे, ये बीस सही है कि और कम थे या ये बीस बताया गया?

श्री विश्वनाथ खन्ना जी : नहीं, और ज्यादा थे, तमाम लड़के थे। कुछ भाग गए। एक थानेदार का लड़का था, उसका गला पकड़कर हम लोग घुमा रहे थे।

डॉ. गयाप्रसाद 'सनेही' : केवल दो लड़कों के ही नाम आपको याद हैं—सुरेंद्र सिंह और श्यामलाल। इनको सजा कितनी हुई थी? सबसे ज्यादा सजा सुरेंद्र को हुई थी?

श्री विश्वनाथ खन्ना जी : हाँ, सुरेंद्र लंबे-चौड़े और सबसे बड़े थे, तो उनको लंबी सजा हुई थी, दूसरों को छह महीने की हुई थी। हम छोटे थे, तो चेतावनी देकर छोड़ दिया गया था।

डॉ. गयाप्रसाद 'सनेही' : आपको बहुत लंबा अनुभव है और 101 साल का अनुभव बहुत बड़ा होता है (पीछे बैठे गाँव के ही सेवानिवृत्त डाक बाबू ने कहा, "102 साल का।"), तो आपने उस समय का इतिहास देखा, उस समय की संस्कृति देखी और इस समय की भी संस्कृति देख रहे हैं। दोनों में कितना अंतर आप देख रहे हैं? वो ज्यादा अच्छा था कि ये अच्छा है?

श्री विश्वनाथ खन्ना जी : नहीं, आज का अच्छा है। वो समय तो बहुत गरीबी का था, बहुत परेशानी थी, लोग भूखों मरते थे।

डॉ. गयाप्रसाद 'सनेही' (बीच में बोलते हुए) : यानी एक जून की रोटी नहीं मिलती थी।

श्री विश्वनाथ खन्ना जी : नहीं, नहीं मिलती थी।

डॉ. गयाप्रसाद 'सनेही' : यानी अँग्रेजों का प्रभाव इतना अधिक था।

श्री विश्वनाथ खन्ना जी (हस्तक्षेप करते हुए) : नहीं, आमदनी नहीं थी। लोगों की आमदनी बहुत कम थी। गल्ला (अनाज) रहता था, (एक रुपए में) 24 किलो तक का गल्ला था, लेकिन काश्तकार पैदावार को बनियों, देनदारों को उधारी चुकता करने में ही दे देता था, उसके पास कुछ नहीं बचता था, तो वह खुद भूखों मरता था।

डॉ. गयाप्रसाद 'सनेही' : यानी गुलामी में रहना, चाहे जितनी सारी सुविधाएँ हों, लेकिन परतंत्रता अच्छी नहीं होती। कितनी भी सुख-सुविधाएँ, वह सुकून नहीं होता, जो आजादी में होता है। इस समय बहुत सारी योजनाएँ सरकार की चल रही हैं और कल्याण के लिए निकल रही हैं। तो, इन योजनाओं से आप संतुष्ट हैं?

श्री विश्वनाथ खन्ना जी : हाँ, अब कम से कम आदमी एक पहर की रोटी तो खा लेता है, नहीं तो, तड़प-तड़पकर बच्चे मरते थे, जो देखा नहीं जाता था।

डॉ. गयाप्रसाद 'सनेही' : आपकी अच्छी सेहत का रहस्य क्या है? आपकी सभी कर्मेंद्रियाँ, ज्ञानेंद्रियाँ अच्छी तरह कार्यशील हैं। तो क्या सुबह के भ्रमण के अलावा भी आप योग-प्राणायाम आदि कुछ करते हैं?

श्री विश्वनाथ खन्ना जी : देखिए, एक बार मेरा ऑपरेशन होना था, तो डॉक्टर कह रहे थे कि ऑपरेशन में मेरे अंदर से खून की जगह दूध निकलता है। हम सुबह उठकर गाय का दूध पीते थे, स्कूल जाते समय फिर पीते थे, स्कूल से लौटकर फिर दूध पी लेते थे।

डॉ. गयाप्रसाद 'सनेही' (टोंकते हुए) : यानि कि खाद्य सामग्री बहुत कम लेते थे।

श्री विश्वनाथ खन्ना जी (बीच में ही) : नहीं, हमारे पिता जी के पास. सामान बहुत भरा था, कोई कमी नहीं थी।

डॉ. अश्विनीकुमार शुक्ल (मुसकराकर बात जोड़ते हुए) : असली सेहत का राज दूध है।

श्री विश्वनाथ खन्ना जी : हाँ। आपको ये कहानी बतावें कि उन्होंने (पिता जी ने) बाजरा एक कहीं बाबा का घर है, जहाँ पर खरीद करके डाल दिया। बाबा के पास रोज शिकायत आवे कि आज इतनी चिड़ियाँ मर गईं, आज इतनी मर गईं। अगले साल अकाल पड़ा, फिर गल्ला बिना भाव का (महँगा) बिक रहा था। पिता जी बेंचने गए, तो मौहार के कोई ठाकुर साहब, बहुत बड़े, वो आए और मौका देखकर के एक मुट्ठी भर बाजरा खा लिया। पिता जी ने देखा कि इतना बड़ा आदमी जब बाजरा खा सकता है, तो

उन्होंने लोगों को उसे उधार ही बाँट दिया। तब तमाम पैसा खर्च करके लोगों की मदद की। तब लोग ईमानदार थे। उन दिनों ईमानदारी बहुत बड़ी चीज थी। अगर आपके पास है, तो किसानों के पास बेईमानी नहीं थी। अब आज के युग में कहो आपकी जेब काट लें और आप बैठे ही रहें।

डॉ. गयाप्रसाद 'सनेही' : अच्छा आप अभी भी बहुत सारे समाचारपत्र आदि पढ़ लेते हैं, बिना चश्मे के, तो क्या आपको चश्मा लगा था या आज तक लगा ही नहीं?

श्री विश्वनाथ खन्ना जी : नहीं, चश्मा लगा था, बीच में फिर छूट गया। हमारी दोनों आँखों में वो (मोतियाबिंद) हो गई थी, तो एक आँख चित्रकूट जाकर ठीक करवा ली थी, लेकिन फिर दूसरी आँख आज तक नहीं ठीक करवाई। लेकिन, दूध कभी नहीं छोड़ा, इसीलिए आँखों की रोशनी कम जरूर हुई, किंतु अखबार आदि पढ़ने का कार्य चल जाता है।

डॉ. गयाप्रसाद 'सनेही' : आपने पेय पदार्थ के रूप में दूध को लेकर इतनी लंबी आयु पार कर ली, दीर्घजीवी हो गए। इन बच्चों को भी सलाह देते हैं कभी कि ये भी दूध पिएँ?

श्री विश्वनाथ खन्ना जी : बिल्कुल सलाह देते हैं।

डॉ. गयाप्रसाद 'सनेही' : और, ये पीते न होंगे? पी लेते हैं?

श्री विश्वनाथ खन्ना जी : नहीं, पी लेते हैं, लेकिन अब उतना दूध ही नहीं होता, कम होता है। पहले हम 10-12 गाएँ पाले हुए थे, अब नहीं हैं।

डॉ. गयाप्रसाद 'सनेही' : आपने हमारे सवालों का बड़ी बेबाकी से जवाब दिया, इससे हमें बड़ी संतुष्टि मिली और इन्हीं शब्दों के साथ हम अपना साक्षात्कार समाप्त करते हैं। हम आपसे बहुत-बहुत आशीर्वाद की कामना करते हैं।

डॉ. अश्विनीकुमार शुक्ल : आप दीर्घायु हों, इसी तरह से छत्रछाया बनाए रखें और फतेहपुर जनपद का गौरव ऊँचा बना रहे।

सप्तम अध्याय

स्वतंत्रता संघर्ष से संबंधित प्रमुख गाँव, उनकी वर्तमान स्थिति, स्मारकों का विवरण

फतेहपुर जनपद उत्तरी भारत के उत्तर प्रदेश के 75 जिलों में से एक है। गंगा ओर यमुना दो पवित्र महानदियों के मध्य में अवस्थित होने के कारण पुराकाल में उसे 'अंतर्वेद' के अभिधान से जाना जाता था, किंतु बदलते ऐतिहासिक चक्र के क्रम में मुगलकाल में दो पावन नदियों-गंगा-यमुना के आब (जल) से परिवृत्त होने के कारण इसे 'दोआब' के नाम से भी साभिप्राय संबोधन मिला। यह 'दोआबी' अथवा 'अंतर्वेदी' भू-भाग प्रारंभ से ही सभ्यता और संस्कृति का केंद्र रहा है। यह ऋषियों, मुनियों, यतियों, व्रतियों, संन्यासियों, साधुओं, संतों आदि सभी के कीर्तन-भजन, चिंतन-मनन और साधना-आराधना का अनुपमेय क्षेत्र रहा है। यहाँ का भिटौरा, भृगु ऋषि की तपोभूमि, बैगाँव (नौबस्ता) वेदव्यास की साधना भूमि, असनी देववैद्य अश्विनीकुमारों की कर्मभूमि और असोथर महाभारतकालीन द्रोण-पुत्र अश्वत्थामा की शौर्यभूमि के रूप में देदीप्यमान रहा है। किंवदंती है कि फतेहपुर का शिलान्यास (नींव) नवाब फतेहखान ने बसंत पंचमी संवत् 1503 (सन् 1446 ई.) में किया था और इसकी सम्यक् स्थापना उन्हीं के द्वारा चौत्र शुक्ल पंचमी संवत् 1508 (सन् 1451 ई.) में आज से 571 वर्ष पूर्व की गई थी, लेकिन इस भू-भाग को जनपद का दर्जा आज से 196 वर्ष पूर्व मिला था। इससे पहले फतेहपुर के कुछ परगने तत्कालीन इलाहाबाद और कानपुर में शामिल थे। अँग्रेजों के शासनकाल में 31 अगस्त 1826 को दोनों जिलों से 13 परगने अलग करके फतेहपुर जनपद की स्थापना की गई। इस प्रकार नामकरण की दृष्टि से पहले तथा जनपद की दृष्टि से इसे बाद में मान्यता मिली।

वर्तमान समय में प्रयागराज मंडल के चार जिलों प्रयागराज, प्रतापगढ़, कौशांबी और फतेहपुरेंमें से जनपद, फतेहपुर इस मंडल का प्रमुख हिस्सा है। इसका मुख्यालय फतेहपुर शहर है। संप्रति जनपद फतेहपुर में तीन तहसीलें, 13 ब्लॉक, 1521 राजस्व ग्राम तथा 840 ग्रामपंचायतें हैं। पुरातत्व, इतिहास, कला, संस्कृति और साहित्य की दृष्टि से तो जनपद का माहात्म्य है ही, साथ ही स्वतंत्रता-संग्राम के प्रथम विप्लव से लेकर अद्यावधि राष्ट्रीय जागरण के क्षेत्र में अपनी अलख जगाए हुए है। स्वतंत्रता-संघर्ष से संबंधित प्रमुख

गावों की विवरणगत सूची, उनकी वर्तमान स्थिति तथा ऐतिहासिक-धार्मिक स्मारकों की तफ़सील इस प्रकार है–

कोराईं- कोराईं स्वतंत्रता-संघर्ष का प्रमुख केंद्र था। यहाँ गयादीन दुबे नामक एक तालुकेदार बड़े शान-शौकत से रहा करते थे। उनके पास 62 गाँव थे। बहेलियों की 200 सिपाहियों की बहुत बढ़िया सेना थी। प्रारंभ में अँग्रेजों के चाटुकार थे। अँग्रेजों की मिली-भगत से वे जनपदवासियों का शोषण किया करते थे। किंतु, जब खागा के ठा. दरियाव सिंह को जनपद मुख्यालय का कोषागार लूटने के समय उनकी मुखबिरी का पता चला, तो वे बहुत नाराज हुए। परिणामतः ठा. दरियाव सिंह ने उन्हें बहुत जलील किया और मातृभूमि-रक्षा की सौगंध दिलाई। गयादीन दुबे तब सच्चे देशभक्त बन गए।

सन् 1857 में देश में आजादी का पहली चिंगारी सुलमाने वाले मंगल पांडे को जब बैरकपुर रेजीमेंट में 08 अप्रैल 1857 को फाँसी दे दी गई, तो कोराईं के गयादीन दुबे अँग्रेजों पर आगबबूला हो गए। उन्होंने गंगा की सौगंध लेते हुए 200 सैनिकों से युक्त अपनी बहेलिया सेना लेकर ग्राम कोराईं के सामने राजमार्ग पर जाम लगा दिया। दो दिन तक यह अभियान चलता रहा और वहाँ आने-जाने वाले लगभग 200 अँग्रेजों को उन्होंने मौत के घाट उतार दिया। चिंताग्रस्त तत्कालीन प्रशासन ने आस-पास के सामान्य लोगों को जेल में ठूँस दिया, उसी रात बाबा गयादीन दुबे ने जेल की दीवार तुड़वाकर बंदीजनों को मुक्त किया और अपनी सुरक्षा के लिए पुलिस की दबिश पड़ने पर डौंडियाखेड़ा चले गए, किंतु चिरंजू नामक एक रजक ने मुखबिर बनकर अँग्रेजों को इसकी सूचना दे दी। फलतः वे अँग्रेजों के द्वारा बंदी बना लिए गए और वहाँ से उन्हें कोराईं लाया गया। तोपों से उन्हीं के सामने उनका आलीशान महल ढहा दिया गया, सारी संपत्ति जब्त करके नीलाम कर दी गई, संपूर्ण परिजन और पुरजनों को पीड़ित करते हुए पूरे गाँव में लगा दी गई। उन्हें बग्घी में बाँधकर मार्ग में घसीटा गया और निर्दयतपूर्वक पीटा गया। अंत में उन्हें जेल में डाल दिया गया, उनका वृद्ध शरीर इस वेदना को बहुत देर तक सह न सका। 20 मई 1857 को जेल में ही उनका निधन हो गया।

कोराईं की जनता और फतेहपुर के नगरवासी आज भी गर्वोन्नत होकर उस महान देशप्रेमी को श्रद्धांजलि अर्पित करते हैं। वर्तमान समय में यहाँ एक प्राथमिक विद्यालय, दो प्राइवेट जूनियर हाईस्कूल तथा एक इंटर कॉलेज संचालित हैं। यहाँ एक प्राथमिक स्वास्थ्य केंद्र एवं बड़ौदा उत्तर प्रदेश ग्रामीण बैंक भी है, जो ग्रामवासियों की रोजमर्रा की जरूरतों को पूरा करते हैं। यहाँ मंदिरों की संख्या तो 50 के ऊपर है, किंतु शिवमंदिर, साकेत बिहारी मंदिर, गायत्री मंदिर, हनुमान मंदिर और काली मन्दिर ये पाँच बड़े मन्दिर माने जाते हैं। ग्रामवासी अजयकुमार द्विवेदी ने बताया कि यहाँ का 'साकेत बिहारी मंदिर' इनता बड़ा और भव्य है कि अँग्रेज लोग भी इसके दर्शनार्थ आया करते थे। तीज पर्व के दूसरे दिन यहाँ बहुत बड़ा 'दंगल' भी लगता है।

बिलंदा- जनपद फतेहपुर से 10 किमी. पूर्व राष्ट्रीय राजमार्ग पर स्थित 'बिलंदा' स्वतंत्रता-संघर्ष का वह प्रमुख स्थान है, जहाँ कटोघन के युद्ध में पराजित रेनार्ड और भारतीय सेना के बीच भयंकर युद्ध हुआ। कर्नल हैवलॉक को इस बात का अनुमान लग गया था कि रेनार्ड की सेना भारतीय नाना साहब की सेना के आगे नहीं टिक पाएगी। परिणामतः वह इलाहाबाद से प्रस्थान कर एक बहुत बड़ी सेना लेकर रेनार्ड की सेना में मिल गया, किंतु जनपद फतेहपुर के क्रांतिकारियों व नाना साहब को इस मिली-जुली सैन्य शक्ति की जानकारी नहीं हो पाई। 'बिलंदा' नामक स्थान पर दोनों सेनाओं की मुठभेड़ हो गई। फतेहपुर और बिलंदा के क्रांतिकारियों ने बड़ी वीरता के साथ अपने साहस का प्रदर्शन किया, किंतु रेनार्ड और हैवलॉक की संयुक्त सेना के सामने वे नहीं टिक सके। जब भारतीय क्रांतिकारियों का गोला-बारूद समाप्त हो गया, तो उन्होंने बिलंदा नामक युद्धस्थल से नौ-दो ग्यारह होकर 'औंग' नामक स्थान पर अपना नया मोर्चा खोला।

वर्तमान में बिलंदा एक ऐसा स्थान है, जहाँ पर दो प्राथमिक विद्यालय तथा एक इंटर कॉलेज संचालित हैं। यहाँ पुलिस चौकी भी है। जनपद फतेहपुर के करीब होने के कारण यह गाँव हर प्रकार की सरकारी योजनाओं का भरपूर लाभ उठा रहा है।

औंग-जनपद मुख्यालय से 40 किमी. दूर पश्चिम दिशा की ओर स्थित 'औंग' स्वतंत्रता आंदोलन का वह प्रसिद्ध स्थान है, जहाँ पर 15 जुलाई 1857 ई. को रेनार्ड और कर्नल हैवलॉक की संयुक्त सेना साथ फतेहपुर के क्रांतिवीरों के घमासान युद्ध हुआ था। फतेहपुरी वीरों ने औंग के पास राष्ट्रीय राजमार्ग अवरुद्ध कर दिया और एक बगीचे की चारदीवारी की आड़ लेकर गोले और बंदूक दागना प्रारंभ कर दिया। जैसे ही राजमार्ग का अवरोध हटवाने के लिए रेनार्ड आगे बढ़ा, वैसे ही क्रांतिकारियों की बंदूकें काल-मेघ बनकर बरस पड़ीं। रेनार्ड बुरी तरह जख्मी हो गया और तीन दिन बाद उसकी जीवन-लीला समाप्त हो गई। रेनार्ड की मृत्यु से कर्नल हैवलॉक बहुत चिंतित और क्रुद्ध हुआ। दोगुने आवेश में हैवलॉक की विशाल सेना ने बाग की चारदीवारी को तोड़ दिया। अब क्रांतिकारियों के सामने वहाँ से भागने के अलावा कोई रास्ता न बचा। वे औंग के पास प्रवाहित होने वाली पांडु नदी के किनारे आकर कर्नल हैवलॉक का रास्ता अवरुद्ध करने के लिए नदी के पुल को तोड़ना चाहते थे, किंतु पुल टूटने के पहले ही हैवलॉक की सेना वहाँ आ धमकी। दोनों ओर की सेनाओं के मध्य तुमुल युद्ध हुआ, किंतु हैवलॉक की सेना के मुकाबले फतेहपुरी क्रांतिवीर टिक नहीं पाए और अन्य-अन्य स्थानों पर प्रस्थान कर छापापार युद्ध की तैयारी करने लगे। औंग के सन्निकट पांडु नदी वह स्थान है, जहाँ सविनय अवज्ञा आंदोलन को सफल करने के लिए 15 दिसंबर 1942 को जी.टी. रोड स्थित पांडु नदी के पुल को उड़ाने की योजना बनाई गई थी। किंतु, 04 दिसंबर 1942 ई. को ही राष्ट्रीय नेताओं की गिरफ्तारी कर लेने से यह संभव नहीं हो सका।

वर्तमान में औंग गाँव अपने पूर्ण विकास पर है। औंग की कुल साक्षरता दर 75. 61% है, पुरुष साक्षरता, 84.58% तथा महिला साक्षरता दर 65.69% है। गाँव की

कार्यकर्ता प्रोफाइल से यह भी पता चला है कि गाँव की कुल जनसंख्या 5770 हैं, जिनमें कुल कामकाजी आबादी 1615 है। उस गाँव का निकटतम शहर बिंदकी होने के कारण घरेलू उद्योग धंधे अच्छी प्रकार से चल रहे हैं।

खजुहा- जनपद फतेहपुर का एक अत्यंत प्राचीन ऐतिहासिक स्थान है। पुराने समय में खजुहा को खजुहागढ़ भी कहा जाता था। यहाँ 05 जनवरी 1659 ई. को उत्तराधिकारी विषयक मामले को लेकर औरंगजेब और उसके भाई शाहशुजा के बीच हुआ भीषण युद्ध हुआ था, जिसमें शाहशुजा को मार औरंगजेब विजयी हुआ। जीत की खुशी में औरंगजेब ने खूबसूरत उद्यान और 130 कक्षों वाली सराय का निर्माण करवाया था। इसे 'बागबादशाही' का नाम दिया गया था।

जनपद मुख्यालय से 51 किमी. दूर यह वही स्थान है, जहाँ पर कर्नल पॉवेल से मुकाबला करने के लिए 31 अक्टूबर 1857 में जनपदवासियों की तरफ से 4000 क्रांतिकारी एकत्रित हुए थे, जिनमें 2000 सैनिक दानापुर से तथा अन्य 2000 सैनिक बाँदा और फतेहपुर से आए हुए थे। प्रधान सेनापति कर्नल कैम्पबेल को खजुहा के रास्ते से कानपुर निकलना था। उसने कर्नल पॉवेल को आदेश दिया कि वह खजुहा में एकत्रित क्रांतिकारियों का दमन करके उन्हें मौत के घाट उतार दे। 01 नवंबर 1857 को कर्नल पॉवेल ने क्रांतिकारियों पर 'आक्रमण' कर दिया, किंतु कर्नल पॉवेल मारा गया और अँग्रेजी सेना भाग खड़ी हुई। यह समाचार सुनते ही कर्नल पॉवेल ने आकर स्थिति का जायजा लिया और क्रांतिकारियों को तितर-बितर करते हुए उन्हें पराजित किया। वहीं पर मौजूद कर्नल वर्कर के द्वारा खजुहा तथा उसके आस-पास के गाँवों में आग लगा दी गई। इस प्रकार इस घटना ने क्रांतिकारियों के हृदय को झकझोर कर रख दिया। 'खजुहा' में घटित इस लोमहर्षक घटना के बाद क्रांतिकारियों ने भिन्न-भिन्न स्थानों में जाकर 'छापामार युद्ध' करने का दृढ़ संकल्प लिया था।

जहाँ तक खजुहा की वर्तमान स्थिति का सवाल है, वहाँ पर साक्षात् अवलोकन के उपरांत कहा जा सकता है कि पहले यह एक छोटा-सा गाँव था, अब कस्बे के रूप में परिवर्तित हो गया है। यहाँ की निर्मित सराय आज की स्थिति में अत्यंत जीर्ण-शीर्ण हैं। यहाँ 118 छोटे-बड़े भव्य मंदिर हैं। कस्बे के स्वर्णिम अतीत के वैभव की यथार्थ दास्तान यह आज भी बयान कर रहा है। यहाँ दशहरे के मेले में होने वाले रामलीला के आयोजन में 'रावण' की पूजा बड़ी ही अपूर्व और अनोखी मानी जाती है। खजुहा की रामलीला केवल जनपद में ही नहीं, अपितु संपूर्ण उत्तर प्रदेश में विख्यात है।

पपरेंदा- पपरेंदा जनपद मुख्यालय से 66 किमी. दूर पश्चिमोत्तर दिशा में बसा हुआ है। यह अमौली ब्लॉक के अंतर्गत आता है। पपरेंदा स्वतंत्रता-आंदोलन का एक छोटा-सा रोमांचकारी गाँव है। सन् 1930 में अँग्रेज सरकार ने नमक कर लगा दिया, तो महात्मा गाँधी ने इस कानून के खिलाफ आंदोलन छेड़ा। उन्होंने 12 मार्च से 06 अप्रैल 1930 तक अर्थात् 24 दिनों तक साबरमती (अहमदाबाद) से लेकर दांडी (गुजरात) तक 400

किमी. तक की यात्रा की, ताकि हर व्यक्ति नमक का उत्पादन कर सके। यह ब्रिटिश सरकार द्वारा लागू किया गया एक घृणित कानून था। ब्रिटिश सरकार ने इस कानून के माध्यम से नमक के उत्पादन और उपभोग पर एकाधिकार स्थापित कर लिया। पूरे भारत में इसका विरोध हुआ। जनपद फतेहपुर का पपरेंदा एक ऐसा गाँव है, जहाँ के गुरुप्रसाद पांडेय ने नमक कानून का तीव्रता से विरोध किया और पपरेंदा गाँव के हर गृहस्थ को अधिक से अधिक नमक बनाने और उन पर अँग्रेजों द्वारा लगाए गए टैक्स का विरोध करने का संदेश दिया। परिणाम यह हुआ कि उनकी वृद्धा माता तथा दोनों छोटे भाइयों महावीर और रामआसरे को छः माह के लिए जेल में डाल दिया गया। गुरुप्रसाद को कुएँ में उलटा लटकाकर मैले से भरी हुई हंडिया गले में बाँध दी गई। इसके बाद खौलता हुआ पानी (उष्णोदक) उनके शरीर में डाल दिया गया। इसके बाद भी उन्होंने अँग्रेजों से माफी नहीं माँगी, बल्कि 'भारत माता की जय' बोलते हुए उन्होंने कारागार में रहना सहर्ष स्वीकार कर लिया। जब उन्हें आंग्ल-अदालत में पेश किया गया, तो उन्होंने मजिस्ट्रेट जाकिर हुसेन से अन्योक्तिपरक शब्दों में कहों ''श्रीमान, आप भारतीय हैं, भारत माँ के पंखों को खुद नोचने का प्रयास न करें।''

कहा जाता है कि उनका यह आदर्श मंत्र आज भी पपरेंदावासियों की जुबान पर है। पपरेंदा में एक प्राथमिक विद्यालय है, जो विद्यालय के समस्त मानकों को पूरा करता है। यहाँ एक खेल का मैदान भी है। विद्यालय चतुर्दिक चारदीवारी से युक्त है। इसमें 3-4 धार्मिक स्थल व मंदिर हैं, लेकिन संस्मरण के तौर पर किसी प्रकार का कोई स्मारक नहीं है।

नोनारा- नोनारा जनपद फतेहपुर की बिंदकी तहसील के अंतर्गत आने वाला एक बड़ा ही स्वाभिमानी गाँव है। जनपद के समस्त 1521 राजस्व ग्रामों में ग्राम 'नोनारा', वह प्रथम गाँव हैं, जहाँ के निवासियों ने महात्मा गाँधी के द्वारा चलाए जा रहे विभिन्न आंदोलनों से प्रभावित होकर देशानुराग का अमृत-पान किया था। उन्होंने सन् 1931 में अँग्रेजों द्वारा बढ़ाए गए लगान को न देने का फैसला लिया। जमींदार को जब नोनारा गाँव से राजस्व के नाम पर एक भी धेला न मिला, तो उसने खजुहा के तहसीलदार अवधबिहारी श्रीवास्तव से शिकायत के स्वरों में कहा कि ग्राम नोनारा के कृषकों का दमन न किया गया, तो अन्य बहुत से गाँव भी उसके अनुकरण पर लगान देने से इंकार कर देंगे। तहसीलदार के मन में यह बात बैठ गई। परिणामस्वरूप तहसीलदार महोदय रक्त वर्ण के विभागीय घोड़े पर सवार होकर पुलिस दल के साथ नोनारा गाँव के मुखिया शिवनारायण तिवारी के दरवाजे पहुँच गए और वहीं पर अपने सिपाहियों के माध्यम से लगान न देने वाले ग्रामवासियों को पकड़कर लाने का फरमान जारी कर दिया। महादेव मिश्र, भवानीदीन, छोटेलाल आदि कई कृषक वहाँ पहुँच गए। उन्हें सिपाहियों द्वारा लाठी-डंडों से बेरहमी से पीटा गया। मुखिया शिवनारायण तिवारी के प्रतिरोध करने पर तहसीलदार ने अमानवीय ढंग से उनके मुँह पर एक चाँटा जड़ दिया। पिता के अपमान

का प्रतिशोध लेने के लिए शिवनारायण के लड़के दुलारेलाल ने तहसीलदार के गालों पर गिन-गिनकर दस जूते लगाए। फिर क्या था! कोहराम मच गया। तहसीलदार ने आरक्षीगणों को गोली चलाने का आदेश दे दिया, जिससे शिवनारायण तिवारी, जागेश्वर, रघुनंदन आदि कृषक घायल हो गए। मासूम निहत्थों पर धड़ाधड़ फायरिंग का दृश्य किसी भी जलियाँवाला बाग से कम नहीं था।

स्वाभिमानी नोनारा गाँव के निवासी अपने-अपने हाथों में लाठी-डंडा, बरछी, भाला, कुल्हाड़ी, कटार, ईंट-पत्थर आदि लेकर निकल पड़े और सिपाहियों के अस्त्र-शस्त्र छीनकर उनसे डटकर लोहा लिया। कहा जाता है कि मुखिया के परिजनों ने तहसीलदार को इतना पीटा कि वह मौके पर धराशायी होकर स्वर्गलोक सिधार गया। इस जघन्य हत्या के आरोप में 71 ग्रामवासियों के खिलाफ प्राथमिकी दर्ज की गई, जिसमें समुचित साक्ष्य के अभाव में 19 व्यक्तियों को तत्काल छोड़ दिया गया, शेष 52 व्यक्तियों पर मुकदमा दर्ज किया गया। इनमें से 20 फरार हो गए, बचे हुए 34 लोगों को जेल भेज दिया गया। उसमें भी यथोचित साक्ष्याभाव में 14 ग्रामवासी जेल से रिहा कर दिए गए। केवल 20 ग्रामवासी दंड की चपेट में आ गए। इनमें से छोटेलाल, दुलारेलाल को मृत्युदंड तथा रामनारायण, सत्यनारायण, लक्ष्मीनारायण, भवानीदीन, केदारनाथ, रामचरन, गिरधारी, द्वारिका, छेद्दू, प्यारेलाल, श्यामलाल, हनुमान, रघुवर, पराग, परभू पासी आदि 18 लोगों को आजीवन कारावास की सजा सुनाई गई। जनपद फतेहपुर के बाबू वंशगोपाल एडवोकेट ने इन सभी कृषक क्रांतिकारियों की निःशुल्क पैरवी की और अधिकांश आजीवन कारावास पाए हुए कृषकों को भी बाबू वंशगोपाल एडवोकेट तथा विश्वंभरदयाल त्रिपाठी के भरसक प्रयास से सन् 1937 में छुड़ा लिया गया। इसी बीच उकाथू के जमींदार चंद्रपाल सिंह के यहाँ लगान के विरोध में अनवरत सात दिनों तक धरना दिया गया। इस धरने में 1000 स्वयं सेवक शामिल थे। इस धरने से प्रभावित होकर बाबू बंशगोपाल एडवोकेट ने अवधी भाषा में 'आल्हा' पुस्तक की संरचना कर डाली। आल्हा की निम्न पंक्तियाँ केवल ग्राम 'नोनारा' ही नहीं, अपितु समस्त उत्तर प्रदेश के ग्रामवासियों के लगान-दुःखदर्द का आईना प्रस्तुत करती है–

गहना बर्तना कपड़ा, गल्ला, बाग बगीचा और मकान,
तवा कठैली जूता छाता, बचा न रत्ती भर सामान,
छैः छैः पैसा बैल बिके हैं, टके-टके में बेंची गाय,
खलिहानों में आग लगाकर, नादिरशाही दिया मचाय।

ग्राम नोनारा के ग्रामवासियों में आज भी स्वाभिमान की एक नई झलक विराजमान है। उत्तर प्रदेश और भारत सरकार द्वारा संचालित अनेक योजनाओं का लाभ ग्राम नोनारा को मिल रहा है। शैक्षणिक दृष्टि से यहाँ एक प्राथमिक विद्यालय तथा एक इंटर कॉलेज चल रहा है। दुर्भाग्य से बढ़े हुए लगान की खिलाफत करने वाले किसी भी प्राणदंडी का कोई स्मारक नहीं है।

गोपालगंज उर्फ फँसिहाबाग- सन् 1857 की क्रांति के विफल होने के बाद अँग्रेजों का रौद्र रूप कोने-कोने में दिखने लगा। उन्होंने अपनी रणनीति के तहत 17 जुलाई 1857 में कानपुर को ब्रिटिश साम्राज्य में मिला लिया और नाना साहब वहाँ से भागकर लुकते-छिपते शिवराजपुर आए। शिवराजपुर और झाऊपुर के मध्य में एक विपुल जंगल था। क्रांतिकारियों का जत्था यहीं आकर अपनी रणनीति तय करता था। वहाँ से थोड़ी दूर 'वासुदेवखेड़ा' (वर्तमान गोपालगंज) नामक एक छोटा-सा गाँव था। किसी भारतीय जासूस ने नाना साहब के वासुदेवखेड़ा में मौजूद होने की सूचना अँग्रेज कर्नल नील को दे दी, जबकि नाना साहब वासुदेवखेड़ा में न होकर शिवराजपुर व झाऊपुर में अवस्थित घनघोर जंगल में अपने अन्य क्रांतिकारियों के साथ आंदोलन की अगली रणनीति पर वार्ता कर रहे थे। कर्नल नील ने 05 अगस्त 1857 को वासुदेवखेड़ा को चारों तरफ से घेर लिया, लेकिन जब नाना साहब वहाँ नहीं मिले, तो आगबबूला होकर उसने पूरे गाँव को आग के हवाले कर दिया। उसने मनमाने ढंग से गाँव लूटा, गोला-बारूद की वर्षा की और मौत का भीषण तांडव खड़ाकर दिया। कुछ क्रांतिकारी तो नजर बचाकर पलायन कर गए, किंतु कुछ सैनिक कर्नल नील की पकड़ में आ गए। इसी वासुदेवखेड़ा से जुड़ा हुआ एक बगीचा है। वहाँ जाकर साक्षात् देखने पर पता चला कि वह गोपालगंज से मात्र 04 फर्लांग पश्चिम है। उसी बगीचे में इन पकड़े गए सैनिकों को फाँसी के फंदे पर लटका दिया गया। कालांतर में दुनियापति को भी उसी बगीचे में यही सजा भुगतनी पड़ी थी। सैनिकों को फाँसी पर लटकाए जाने के कारण इस बाग का नाम 'फँसिहाबाग' पड़ गया। बाद में खंडहर में तबदील वासुदेवखेड़ा का नाम 'गोपालगंज' रखा गया। वासेदुवखेड़ा और गोपालगंज दोनों ही एक-दूसरे के पर्यायबोधक नाम हैं। 1942 ई. के 'भारत छोड़ो आंदोलन' की शुरूआत गोपालगंज से की गई थी। संयोगवश आज ये पंक्तियाँ 09 अगस्त 2022 को ही टंकित करते हुए लिख रहा हूँ, 1942 ई. के 'भारत छोड़ो आंदोलन' (जिसे अब हम श्अगस्त-क्रांति' के नाम से भी अभिहित करते हैं) के ठीक अस्सी वर्ष बाद।

गोपालगंज सामाजिक, आर्थिक, धार्मिक, सांस्कृतिक और प्राकृतिक दृष्टि से आज भी संपन्न और सुदृढ़ है। यहाँ पर कई शिक्षण संस्थान हैं, जो प्रकृति की सुषमामयी घटा से सम्यक् आच्छादित है। कुछ जानकारों ने फँसिहाबाग की तुलना जलियावालाँ बाग से की है। चिंतनीय यह है कि फाँसी पर लटकाए गए लोगों का न तो कोई स्मारक है और न ही उत्कीर्णित कोई शिलालेख।

चाँदपुर- चाँदपुर जनपद फतेहपुर की बिंदकी तहसील के अंतर्गत सामयिक क्षेत्र होने के कारण आज भी अपनी पहचान बनाए हुए है। यह जनपद मुख्यालय से 62 किमी. तथा बिंदकी तहसील मुख्यालय से 40 किमी. दूर स्थित है। स्वतंत्रता-संग्राम के समय चाँदपुर को क्रांति का गढ़ माना जाता था। जोधासिंह अटैया और उनके सेनापति का आगमन-प्रत्यागमन निरंतर यहाँ बना रहता था। सन् 1857 की क्रांति के बाद लगान-बंदी का आंदोलन अपनी चरम-सीमा पर था। चाँदपुर के किसानों ने जोधासिंह और महाराज

सिंह का संबल पाकर बढ़े हुए लगान का तीव्र विरोध किया। फलतः अँग्रेजों की तरफ से कर्नल करथ्यू ने 250 सैनिक और दो तोपें लेकर चाँदपुर की ओर प्रस्थान किया। इधर कर्नल क्रिस्टिक की एक सैनिक टुकड़ी भी कर्नल करथ्यू की सेना में मिल गई। दोनों सेनाओं ने 07 फरवरी 1858 को चाँदपुर के क्रांतिकारियों को गिन-गिनकर मारा और उन्हें मौत के घाट उतार दिया। जोधासिंह अटैया और महाराज सिंह दोनों ही यमुना तैर जनपद बाँदा पहुँच गए और वहाँ पर अपनी अग्रिम रणनीति पर विचार करने लगे।

वर्तमान समय में चाँदपुर एक स्वतंत्र ग्राम पंचायत है। इसका भौगोलिक क्षेत्रफल 2303 हेक्टेयर है। यहाँ कुल जनसंख्या 8106 हैं, जिनमें 4264 पुरुष तथा 2822 महिलाएं हैं। पुरुषों की साक्षरता 63% तथा महिलाओं की 56% है। यहाँ पर इंडेन गैस एजेंसी भी है। यहाँ आज भी ऐतिहासिक और धार्मिक स्मारकों का अभाव खटकता है। उल्लेखनीय है कि चाँदपुर में महाप्राण कविवर सूर्यकांत त्रिपाठी 'निराला' का ननिहाल रहा है।

शाहबाजपुर- शाहबाजपुर जनपद फतेहपुर की बिंदकी तहसील का एक ऐसा संस्मरणशील गाँव है, जो बिंदकी से 13 किमी. और जनपद फतेहपुर से 21 किमी. की दूरी पर स्थित है। इस गाँव में छः स्वतंत्रता ग्राम सेनानियों ने ब्रितानिया हुकूमत को भारत से खदेड़ने के लिए अपनी कुर्बानी दी। इन स्वतंत्रतासेनानियों में से तीन के नाम हैं गजोधरप्रसाद पटेल, मुकनूप्रसाद, लच्छूप्रसाद पटेल। इन्होंने भारतमाता को परतंत्रता के जाल से मुक्त कराने के लिए अँग्रेज सत्ता का विरोध किया और लगातार संघर्ष करते रहे। इन सभी महान सपूतों को वर्ष 1930 ई. व वर्ष 1932 ई. में दो बार स्वतंत्रता-आंदोलन के तहत जेल जाना पड़ा। इस प्रकार यह छोटा सा-गाँव अपने आप में बड़ा ही गौरवशाली है।

इस गाँव में समग्र आबादी 3383 है, जिनमें पुरुष आबादी 1769 तथा महिला आबादी 1614 है। यहाँ पर स्त्री पुरूषों की साक्षरता दर 63% है। इस गाँव की सबसे बड़ी विशेषता यह है कि समस्म ग्रामवासियों के सहयोग से इन सभी छः सपूतों की प्रतिमाएँ इसी गाँव में स्थापित हैं। शाहबाजपुर तथा आस-पास के अन्य ग्रामवासी आज भी इन प्रतिभाओं पर अपनी भावभीनी श्रद्धांजलि अर्पित करते हैं। यहाँ प्रतिवर्ष 'स्वतंत्रता संग्राम सेनानी मेला' भी लगता है।

कल्यानपुर- कल्यानपुर जनपद फतेहपुर का वह इकलौता गाँव है, जहाँ के स्वतंत्रतासंग्रामसेनानी श्री विश्वनाथ खन्ना शतायु पूरी करके आज भी एड़ी से लेकर चोटी तक देश-प्रेम के रंग में डूबे हुए हैं। उनके पिता का नाम श्यामकिशोर खन्ना था, जो कानपुर में एक अँग्रेजी कंपनी (इलाहाबाद बैंक) के खजांची थे। उस समय श्री विश्वनाथ खन्ना बिंदकी के नेहरू इंटर कॉलेज में कक्षा पाँच के विद्यार्थी थे।

इस पुस्तक के लेखक (डॉ. अश्विनीकुमार शुक्ल) और सर्वेक्षक (डॉ. गयाप्रसाद 'सनेही') को दिए गए एक साक्षात्कार में कल और आज के भारत का अंतर स्पष्ट करते हुये उन्होंने कहा है– "देश की मौजूदा हालत पहले की तुलना में काफी बेहतर है। कल

के भारत से आज का भारत लाख गुना अच्छा है। पहले मुल्क में गरीबी थी, आज भारत अत्याचार से मुक्त है, सभी को दो वक्त की रोटी मिल रही है, विकास के कार्य हो रहे हैं।" चिंता का विषय यह है कि पुलिस थाना और उ.प्र. ग्रामीण बैंक होते हुए भी वहाँ एक भी शिक्षण संस्थान नहीं है, यहाँ के शिक्षार्थी शिक्षा ग्रहण करने हेतु आज भी अपने निकटवर्ती गाँव गोपालगंज जाते हैं।

कटोघन- कटोघन वर्तमान में उत्तर प्रदेश के जनपद फतेहपुर की तहसील खागा के अंतर्गत आता है। अँग्रेजों के जमाने में खागा को उपजिला भी कहा जाता रहा है। इस प्रकार स्वतंत्रता-संग्राम से संबंधित यह गाँव जिला मुख्यालय से 42 किमी. तथा उपखंड खागा से 07 किमी. की दूरी पर स्थित है। वर्तमान में कई छोटे गाँव, पुरवा और खेड़ा सम्मिलित होने के कारण यह गाँव एक बड़ी ग्राम पंचायत के रूप में जाना जाता है।

यद्यपि ग्राम कटोघन में स्वतंत्रता-संग्राम का कोई युद्ध नहीं लड़ा गया, किंतु यह अँग्रेजी सेना के प्रमुख पड़ाव शिविर के रूप में जाना जाता रहा है। अँग्रेजों के सलाह-मशविरे इसी पड़ाव में हुआ करते थे। 1857 ई. का विप्लव यह सिद्ध करता है कि जनपद फतेहपुर के ठा. दरियाव सिंह व उनके अन्य सहकर्मी सेनानियों के पराक्रम से जनपद फतेहपुर 32 दिन तक तथा इसी जनपद का उपखंड (वर्तमान तहसील) खागा 34 दिन तक अँग्रेजी सत्ता से बाहर रहा। यह पराजय अँग्रेजी हुकूमत के लिए किरकिरी बनी हुई थी। इस किरकिरी को दूर करने के लिए 11 जून 1857 में तत्कालीन इलाहाबाद पर संपूर्ण कब्जा करने के बाद कर्नल नील की दृष्टि फतेहपुर और कानपुर की ओर टिकी हुई थी। उसने रेनार्ड को आदेश दिया कि 30 जून को फतेहपुर होते हुए कानुपर की ओर प्रयाण कर जाए। रेनार्ड फतेहपुर की ओर प्रस्थान तो किया, लेकिन खागा में पहले से ही जमे हुए असंख्य विद्रोहियों अर्थात् जनपदीय क्रांतिकारियों से लोहा लेना उचित न समझा। परिणामतः 10 जुलाई तक के लिए खागा से 07 किमी. दूर पूर्व सीमा में बसे हुए इसी ग्राम कटोघन में पड़ाव डाल दिया। 11 जुलाई 1857 को अँग्रेजी सेना और खागा में एकत्रित क्रांतिकारियों के मध्य भयंकर युद्ध हुआ। इस युद्ध में कटोघन सहित खागा के अन्य निकटवर्ती गाँव शामिल हुए। यहाँ के क्रांतिकारियों और ग्रामीण जनता ने अँग्रेजों के दाँत खट्टे कर दिए। लब्बोलुआब यह कि अँग्रेजी सेना पराजित होकर मेजर रेनार्ड के साथ पुनः अपने शिविर कटोघन में वापस आ गई। इस प्रकार यह स्थान स्वतंत्रता-संग्राम के एक पड़ाव के रूप में अपनी पहचान कायम किए हुए है।

वर्तमान में शैक्षिक दृष्टि से यहाँ दो प्राथमिक विद्यालय तथा एक पूर्वमाध्यमिक विद्यालय नियमतः संचालित हैं। साहित्यिक दृष्टि से सुकवि प्रकाशचंद्र दुबे, गीत, गजल, मुक्तक और कुंडलिया जैसी छांदसिक विधा के माध्यम से आज भी राष्ट्रवाद की अलख जगाए हुए हैं।

हथगाम- हथगाम जनपद फतेहपुर का एक प्रतिष्ठित गाँव है। यह स्वतंत्रता-संग्राम के महानायक अमर शहीद गणेशशंकर विद्यार्थी के पूर्वजों का स्थान तथा उर्दू के प्रसिद्ध

शायर इकबालबहादुर वर्मा की जन्मस्थली है। हथगाम का संहंध गहड़वाल वंश के जयचंद्र राठौर की 'हथशाला' से भी लगाया जाता है। इसी 'हथशाला' या हाथीशाला के आधार पर इसका नाम 'हाथीगाँव' या 'हथगाम' पड़ गया। इसे सिक्खों के पाँचवें गुरु अर्जुनदेव की तपस्थली होने का भी गौरव प्राप्त है। जनपद फतेहपुर में 'भारत छोड़ो आंदोलन' की शुरुआत गोपालगंज के 'फँसिहाबाग' नामक स्थल से की गई, किंतु धरना-प्रदर्शन का मुख्य केंद्र हथगाम था। वहीं से क्रांतिकारियों ने अँग्रेजों को भारत छोड़ने के लिए चुनौती दी थी। इसी दरम्यान लगभग 400 लोगों को गिरफ्तार कर जेल भेज दिया गया।

अँग्रेजों ने भारतीयों को तितर-बितर करने के लिए एक अमन सभा का निर्माण किया। इस नियम के तहत जनपद के स्वतंत्रता संग्राम सेनानी तो आपस में संपर्क साध सकते थे, किंतु अन्य लोग आपस में मिल-जुल नहीं सकते थे। खागा, सिलमी, फतेहपुर, हसवा, गँभरी और कटोघन के लोगों ने इसका तीव्र विरोध किया और इसे भंग किए जाने का पुरजोर प्रयास किया। इसी बीच जनपदीय काँग्रेस के मुख्यकर्ता उमाशंकर वकील ने फतेहपुर में राजनीतिक कांफ्रेस बुलाई, जिसमें प्रथम दिवस की अध्यक्षता मोतीलाल ने तथा द्वितीय दिवस की अध्यक्ता के गणेशशंकर विद्यार्थी ने की। इतना ही नहीं, वैभव-प्रदर्शन के लिए इन नेताओं के द्वारा एक जुलूस भी निकाला गया। इसके चलते 31 जनवरी 1923 को गणेशशंकर विद्यार्थी को गिरफ्तार कर लिया और उन्हें एक वर्ष का कठोर कारावास दिया गया। 05 मार्च 1931 को गाँधी-इरविन समझौता हो गया, किंतु मुस्लिम-लीग के द्वारा हिंदू-मुसलमानों के बीच हमेशा नफरत के बीज बोए जाते रहे। 25 मार्च 1931 को कानपुर में हिंदू-मुस्लिम के बीच भीषण हुआ, जिसमें हजारों लोग हताहत हुए। गणेशशंकर विद्यार्थी दंगा भड़काने वाले आतंकवादियों के बीच घुसकर सामान्य जन-नागरिकों की जान बचाने लगे। वे स्वयं एक ऐसी हिंसक भीड़ में फँस गए कि अचानक किसी ने उनकी हत्या कर दी। इस प्रकार एक ऐसा मसीहा, जिसने हजारों लोगों की जान बचाई थी, खुद धार्मिक उन्माद की बलिवेदी पर चढ़ गया। आज हथगाम उन्हीं के नाम से जाना जाता है।

वर्तमान में हथगाम को क्षेत्र पंचायत का दर्जा दिया गया है। यहाँ अनेक प्राथमिक और उच्च शिक्षण संस्थान हैं। हथगाम के तेहीपारा मोहल्ले में गणेशशंकर विद्यार्थी का एक भव्य स्मारक बना हुआ है, जहाँ प्रतिवर्ष उनकी पुण्यतिथि पर हजारों की संख्या में लोग एकत्रित होकर प्रतिमा पर माल्यार्पण कर उन्हें श्रद्धापूर्वक नमन करते हैं।

रसूलपुर- 'रसूलपुर' जनपद फतेहपुर के अंतर्गत तहसील बिंदकी, ब्लॉक खजुहा का वह शौर्यशाली गाँव है, जहाँ पर अमर शहीद ठा. जोधासिंह अटैया का जन्म हुआ था। वे इसी गाँव में पढ़े-लिखे और बड़े हुए। वे प्रायः रसूलपुरवासियों से कहा करते थे कि उन्हें मौत से डर नहीं लगता। वे गुलामी में पैदा अवश्य हुए हैं, लेकिन मरेंगे आजादी के बाद। उन्होंने अँग्रेजों से लोहा लेने के लिए 20 वर्ष की उम्र में ही हथियार उठा लिए थे। उन्होंने छापामार युद्ध (गुरिल्ला युद्ध) की अनुपम कला तात्या टोपे से सीखी थी और इसी

विलक्षण कला का सहारा लेकर उन्होनें अँग्रेजों की नाक में दम कर रखा था। इन्होंने 27 अक्टूबर 1857 को महमूदपुर गाँव में एक अँग्रेज दरोगा और सिपाही को जलाकर मार डाला, 07 दिसंबर 1857 को रानीपुर पुलिस चौकी में हमला करके अँग्रेजों के एक पिट्ठू का वध कर दिया। इतना ही नहीं, जहानाबाद के तहसीलदार को बंधक बनाकर पूरा खजाना लूट लिया। बाद में जोधासिंह अटैया ने तहसीलदार का अपहरण करके फिरौती के तौर पर जहानाबाद तहसील के पूरे किसानों की लगान माफ करवाई थी।

यह देश का दुर्भाग्य रहा है कि यदि रसूलपुर की धरती वीर-प्रसविनी रही है, तो यहाँ पर कुछ क्षेत्रीय देशद्रोही भी पनपते रहे हैं। जब जोधासिंह अटैया अर्गल नरेश से स्वतंत्रता-आंदोलन संबंधी वार्ता करके खजुहा लौट रहे थे, तो किसी मुखबिर की सूचना पर ग्राम धोरहा के पास अँग्रेजों ने उन्हें घेर लिया। युद्धोपरांत उनके 51 साथियों सहित उन्हें बंदी बना लिया गया। 28 अप्रैल 1858 को मुगलरोड पर स्थित इमली के पेड़ पर जोधासिंह अटैया सहित 52 लोगों को फाँसी दी दी गई। खजुहा के पास पारादान ग्राम पंचायत में स्थित यह इमली का पेड़ आज भी शहीद स्मारक के रूप में याद किया जाता है।

इस प्रकार ग्राम रसूलपुर आज भी जोधासिंह अटैया की शौर्यगाथा को अपने हृदय में समेटे हुए है। वर्तमान में ठा. दरियाव सिंह व ठा. जोधासिंह अटैया के नाम से अल्लीपुर, फतेहपुर में एक मेडिकल कॉलेज खोला गया है। रसूलपुर, बिंदकी तहसील मुख्यालय से 24 किमी. तथा फतेहपुर जनपद मुख्यालय से 49 किमी. की दूरी पर स्थित है। यह गाँव पधारा ग्राम पंचायत के अंतर्गत आता है। यह छोटा-सा गाँव हर प्रकार के वैभव से परिपूर्ण है।

इसके अलावा भारत को आजाद कराने के लिए राष्ट्र स्तर पर जितने भी स्वतंत्रता-आंदोलन हुए, चाहे वह सन् 1919-1924 तक का खिलाफत आंदोलन हो, चाहे सन् 1919 का जलियाँवाला बाग कांड हो, चाहे सन् 1920 का असहयोग आंदोलन हो, 1930 ई. का सविनय अवज्ञा आंदोलन हो, 1942 ई. का भारत छोड़ो आंदोलन हो या फिर अन्य कोई विशिष्ट घटना घटित हुई हो, उन सब में जनपद फतेहपुर के क्रांतिकारियों ने तो हिस्सा लिया ही, इस जनपद के ग्रामवासियों ने भी बढ़-चढ़कर भाग लेने में किंचित चूक नहीं लगाई। इन गाँवों में असनी, मँझिलगाँव, कोड़ा जहानाबाद, अमौली, जारगढ़ी, जाफरगंज, देवमई, कुँवरपुर, बेहटा, सौरा, मलवाँ, हसवा, कोट, एकारी, सरकंडी, गढ़ा कोट, धाता, तपनी, कटोघन, हथगाम, बुदवन, सरसई, तेंदुली, कल्याणपुर, नोनारा, गोपालगंज, सरहन बुजुर्ग आदि का नाम प्रमुखता के साथ लिया जा सकता है। स्वतंत्रता-संग्राम से संबंधित सूचीबद्ध गाँवों के अलावा इन उपर्युक्त गावों का भी प्रत्यक्ष-परोक्ष सहयोग अवश्य रहा है।

स्वतंत्रता-आंदोलन के जाने-माने महानायकों के अतिरिक्त इतिहास के पन्नों पर उनके ऐसे अनुल्लिखित नाम हैं, जिन्होंने आंदोलनों में भाग लेकर जेल की सजाएँ काटीं, लाठियाँ खाईं और आवश्यकता पड़ने पर शहीद भी हो गए। जयराम सिंह, शिवदत्त त्रिपाठी, पन्नालाल, यदुनंदन शर्मा, फूलमती, बैजनाथ, विद्यासागर, गोपाल तिवारी, सहदेव,

संकठाप्रसाद, सुंदर सिंह, गिरधारी शरण, देवदत्त हलवाई, प्रहलाद सिंह, वंशगोपाल, रामनाथ, कृपाशंकर, रोशन सिंह, शिवमंगल, रामगोपाल सिंह, जगन्नाथ, तुलसी, रामसिंह, अयोध्या सिंह, दीनदयाल, होरीलाल, शिवभजन, कालिका सिंह, रघुवीर सिंह, चंदन भारती, रामप्रसाद, मुरलीधर, गजराज, भिक्खा सिंह, बलदेवप्रसाद, रामेश्वर, सुखनंदन सिंह, बैजनाथ सिंह, बसंत सिंह, कालीचरन, श्यामाचरण, महावीर स्वामी आदि ऐसे सहस्र नाम हैं, जिन्होंने स्वतंत्रता-आंदोलन का वह दौर अपनी आँखों से देखा था और ब्रिटिश प्रदत्त अनेक प्रकार की यातनाएँ झेली थीं। आज आवश्यकता इस बात की है कि उनके योगदान का सही और यथार्थपरक मूल्यांकन किया जाए, उनके संस्मरण को स्मृति-पटल पर चिरकाल तक जीवंत बनाए रखने के लिए स्मारकों और शिलालेखीय प्रतीकों का निर्माण कराया जाए। इसके अलावा अनेक ऐसे भी क्रांतिवीर हैं, जिनकी गतिविधियों का यहाँ उल्लेख नहीं हो पाया, अनागत के संस्करण में उन्हें अवश्य ही ससम्मान स्थान दिया जाएगा।

यहाँ यह उल्लेख कर देना आवश्यक होगा कि सन् 1884 में फ्रेडरिक साल्मन ग्राउज (Frederick Salmon Growse) नामक एक अंग्रेज जिलाधीश के रूप में जनपद फतेहपुर आए। इसके पहले वे मथुरा व बुलंदशहर के जिलाधीश रहते हुए इन जनपदों का पुरातात्विक और ऐतिहासिक दृष्टि से व्यापक स्तर पर उद्धार कर चुके थे। वे एक अच्छे प्राच्य विद्या-विशारद, भाषाविद् साहित्यानुरागी और इतिहास के प्रकांड पंडित थे। इनके आने से पहले यहाँ का गजेटियर सन् 1884 में जे.पी. हीवेट द्वारा लिखा जा चुका था, जिसमें अनेक स्थानों पर जनपद फतेहपुर की उपेक्षा की गई थी। ग्राउज महोदय ने स्पष्ट किया कि इस गजेटियर में अनेक तथ्यों को दबाया गया है। जनपद फतेहपुर की बहुत सारी दबी-कुचली पुरातात्विक सामग्री को मुखपृष्ठ पर लाने के लिए उन्होंने इस गजेटियर का परिशिष्ट लिखा, जो सन् 1887 में इलाहाबाद (वर्तमान प्रयागराज) के राजकीय प्रेस से प्रकाशित हुआ। इस गजेटियर के परिशिष्ट का शीर्षक है– 'सप्लीमेन्ट टू द फतेहपुर गजेटियर-1887'। उन्होंने जनपद फतेहपुर के शताधिक गाँवों के धार्मिक स्थलों, मंदिरों, कलाकृतियों तथा ऐतिहासिक स्मारकों पर यथार्थ टिप्पणी प्रस्तुत की, साथ ही यहाँ की लोक मान्यताओं का भी सविस्तार जिक्र किया। इतना ही नहीं, उन्होंने स्वयं रामचरितमानस तथा ब्रजभाषा की स्फुट कविताओं का अँग्रेजी अनुवाद किया तथा पाठ्यक्रम में प्रमुख स्थान दिलाया। वे जहाँ भी गए, निर्लोभ होकर तटस्थ भाव से काम करते रहे। धन्य हैं वे लोग, जो सत्य की बाँह गहकर हरिश्चंद्र का मार्ग पकड़ते हैं, 'हितं मनोहरि च दुर्लभं वचः' को चरितार्थ करते हैं और अधन्य हैं वे लोग, जो अपने को शीर्ष पर रखने के लिए दूसरे के सत्य पर असत्य का आच्छादन डालकर उसे ढकने का मनमाना साहस करते हैं।

इसी प्रकार स्वतंत्रता संघर्ष से संबंधित जनपद फतेहपुर के बहुत-से अनछुए बिंदु आज भी शोध का विषय बने हुए हैं, जिन पर हमें बहुत कुछ काम करने की आवश्यकता है।

अष्टम अध्याय

आजादी के बाद स्वतंत्रता की रक्षा करने वाले विशिष्टजनों की भूमिका

फतेहपुर की गौरवशाली भूमि ने देश को अनेक प्रसिद्ध हस्तियाँ दी हैं। महान भारतीय स्वतंत्रतासेनानी अमरशहीद दरियाव सिंह व जोधासिंह अटैया फतेहपुर की भूमि से थे। गणेशशंकर विद्यार्थी, पद्मश्री राष्ट्रकवि सोहनलाल द्विवेदी व पं. रमानाथ अवस्थी जैसे अमर कवि-गीतकार फतेहपुर की धरोहर हैं। भारत के 17वें प्रधानमंत्री विश्वनाथप्रताप सिंह फतेहपुर संसदीय निर्वाचन क्षेत्र से निर्वाचित होकर संसद (लोकसभा) के लिए चुने गए थे। बाबू वंशगोपाल, जो स्वतंत्रतासेनानी होने के साथ ही अधिवक्ता, राजनीतिज्ञ, साहित्यकार भी थे और सौहार्द-स्नेह की मूर्ति खान गुफरान जाहिदी जैसे सफल राजनीतिज्ञ इसी फतेहपुर की जमीन में पैदा हुए और पले-बढ़े।

फतेहपुर की माटी के अनेक सपूत अतीत से वर्तमान तक साहित्य, कला, विज्ञान, अभियांत्रिकी, सूचना-संचार प्रौद्योगिकी, समाजसेवा, राजनीति सहित जीवन के प्रत्येक क्षेत्र में लीक से अलग हटकर समाज और राष्ट्र की सेवा में निरत रहे हैं और आज भी हैं, जिनके सीमित विवरण आगे दिए जा रहे हैं–

कार्यालय जिला सैनिक कल्याण एवं पुनर्वास, फतेहपुर-212601 (उ.प्र.) से प्राप्त 15 अगस्त 1947 से जुलाई 2022 तक राष्ट्र के लिए बलिदान हुए फतेहपुर जनपद के वीर सैनिकों की सूची (तिथि के अनुसार)

1. सिपाही रामराज सिंह, राजपूत रेजिमेंट, थलसेना, भारत-चीन युद्ध, 1962, ग्राम व पोस्ट-रारामंगदपुर, जिला-फतेहपुर।
2. सिपाही शिव सिंह चंदेल, राजपूत रेजिमेंट, थलसेना, भारत-चीन युद्ध, 1962, ग्राम-सहातपुर, पोस्ट-छीछा, जिला-फतेहपुर।
3. सिपाही जीतेंद्र सिंह, राजपूत रेजिमेंट, थलसेना, भारत-चीन युद्ध, 1962, ग्राम व पोस्ट-मौहार, विकासखंड-मलवाँ, तहसील-बिंदकी, जिला-फतेहपुर।
4. सिपाही उदय सिंह, राजपूत रेजिमेंट, थलसेना, भारत-पाक युद्ध, 1965,

ग्राम-चकहाता, पोस्ट-मडरॉव, विकासखंड-खजुहा, तहसील-बिंदकी, जिला-फतेहपुर।

5. सिपाही गुलाब सिंह, राजपूत रेजिमेंट, थलसेना, भारत-पाक युद्ध, 1965, ग्राम व पोस्ट-बिरानखंड, जिला-फतेहपुर।
6. सिपाही रामदुलारे, राजपूत रेजिमेंट, थलसेना, भारत-पाक युद्ध, 1965, ग्राम-कौंह, पोस्ट-बिजौली, विकासखंड-अमौली, तहसील-बिंदकी, जिला-फतेहपुर।
7. सिपाही ओमप्रकाश, राजपूत रेजिमेंट, थलसेना, भारत-पाक युद्ध, 1965, ग्राम व पोस्ट-सिलमी, विकासखंड-बिजईपुर (विजयीपुर), तहसील-खागा, जिला-फतेहपुर।
8. सिपाही रामशंकर पांडेय, सिपाही उदय सिंह, राजपूत रेजिमेंट, थलसेना, भारत-पाक युद्ध, 1965, मकान नंबर 25, मुराइनटोला, फतेहपुर (पूर्व पता : ग्राम-खैरवा, पोस्ट-नसीराबाद, जिला-रायबरेली)।
9. नायक ननकाई सिंह, कुमाऊँ रेजिमेंट, थलसेना, भारत-पाक युद्ध, 1965, ग्राम-आलमपुर नरही, पोस्ट-असनी, जिला-फतेहपुर (पूर्व पता : ग्राम-दलाबलाखेड़ा, पोस्ट-गुगौली, विकासखंड-मलवाँ, जिला-फतेहपुर)।
10. गार्ड्समैन सरजूप्रसाद, गार्ड्स रेजिमेंट, थलसेना, भारत-पाक युद्ध, 1971, ग्राम-चकमियाँपुर, पोस्ट-हसवाँ, जिला-फतेहपुर (पूर्व पता : ग्राम-रखेलपर मजरे सँवत, पोस्ट-थरियाँव, जिला-फतेहपुर)।
11. गार्ड्समैन हनुमानबली सिंह, गार्ड्स रेजिमेंट, थलसेना, भारत-पाक युद्ध, 1971, ग्राम-दलाबलाखेड़ा, पोस्ट-गुगौली, विकासखंड-मलवाँ, जिला-फतेहपुर।
12. सिपाही छत्रपाल सिंह, ए.एस.सी. (एन.टी.), थलसेना, भारत-पाक युद्ध, 1971, ग्राम-डूँडरा, पोस्ट-औंग, तहसील-बिंदकी, जिला-फतेहपुर।
13. गार्ड्समैन छेदा सिंह, गार्ड्स रेजिमेंट, थलसेना, भारत-पाक युद्ध, 1971, ग्राम व पोस्ट-मौहार, विकासखंड-मलवाँ, तहसील-बिंदकी, जिला-फतेहपुर (पूर्व पता : ग्राम-भोलापुर, पोस्ट-सुकेती, विकासखंड-असोथर, तहसील-फतेहपुर, जिला-फतेहपुर)।
14. हवलदार रमेशचंद्र, ए.डी. रेजिमेंट, ऑपरेशन रक्षक, 01 नवंबर 2000, ग्राम-पारादान, पोस्ट-सेलावन, विकासखंड-खजुहा, तहसील-बिंदकी, जिला-फतेहपुर।
15. नायक विजयपाल सिंह, पैराशूट रेजिमेंट, ऑपरेशन विजय, करगिल युद्ध, 10 जून 2000, ग्राम-झाऊपुर, पोस्ट-गौहारारी, विकासखंड-अमौली, तहसील-बिंदकी, जिला-फतेहपुर।
16. सिपाही दयाशंकर शुक्ल (मरणोपरांत कीर्ति चक्र), मैकेनाइज्ड इन्फैंट्री, ऑपरेशन रक्षक, जम्मू-कश्मीर, 05 अगस्त 1996, ग्राम-लालपुर, पोस्ट-सिधाँव, विकासखंड-बहुआ, जिला-फतेहपुर।
17. लांस नायक हसरत अली, राजपूताना राइफल्स, ऑपरेशन रक्षक, जम्मू-कश्मीर, 29 अगस्त 2001, अमरजई, मवइया तालाब, धोबीघाट, फतेहपुर (पूर्व पता

: ग्राम-सातों पीत, पोस्ट-सातों धरमपुर, विकासखंड-हसवाँ, तहसील-सदर, जिला-फतेहपुर)।

18. गनर/डी.एम.टी. अर्जुन सिंह, आर्टिलरी, ऑपरेशन रोहिना, 1999, ग्राम-गनैया, पोस्ट-रेवाड़ी बुजुर्ग, जिला-फतेहपुर।
19. सूबेदार जयप्रकाश द्विवेदी, आर्टिलरी, ऑपरेशन रक्षक, जम्मू-कश्मीर, 26 अप्रैल 2004, मकान नंबर 317, महिला डिग्री कॉलेज के पास, सिविल लाइन्स, फतेहपुर (पूर्व पता : ग्राम-बेहटा, पोस्ट-जोनिहाँ, जिला-फतेहपुर)।
20. ज्ञानेंद्र सिंह, ऑपरेशन रक्षक, ग्राम व पोस्ट-मुरावन, जिला-फतेहपुर।
21. हवलदार कंचन सिंह, ए.एस.सी., इंजरी इन फील्ड एरिया, ग्राम-शुकुलपुर, पोस्ट-बैरेयपुर, विकासखंड-धाता, तहसील-खागा, जिला-फतेहपुर।
22. लांस नायक सुभाष सिंह, आर्टिलरी, ऑपरेशन पराक्रम, 23 फरवरी 2002, ग्राम-चक्की, पोस्ट-मलवाँ, विकासखंड-मलवाँ, तहसील-सदर, जिला-फतेहपुर)।
23. सूबेदार बृजमोहन सिंह, राजपूत रेजिमेंट (सेना मेडल) ऑपरेशन हिफाजत, 02 फरवरी 2006 ग्राम-कोंड़ार, पोस्ट-महाखेड़ा, विकासखंड-असोथर, तहसील-सदर, जिला-फतेहपुर।
24. सिपाही अतुल सिंह, महार रेजिमेंट, पुंछ, जम्मू-कश्मीर (युद्ध में वीरगति), 18 मई 2010, ग्राम व पोस्ट-चाँदपुर, विकासखंड-अमौली, तहसील-बिंदकी, जिला-फतेहपुर।
25. हवलदार राजेशकुमार, ए.ओ.सी. कोर, लेह (लद्दाख) (युद्ध में वीरगति), 07 अक्टूबर 2021 (रेड ईगल डिवीजन प्रयागराज, विशेष नियुक्ति पर लेह में शहीद), ग्राम-खदरा पोस्ट-गोहरारी, विकासखंड-अमौली, तहसील-बिंदकी, जिला-फतेहपुर।

कार्यालय जिला सैनिक कल्याण एवं पुनर्वास, फतेहपुर-212601 (उ.प्र.) से प्राप्त द्वितीय विश्वयुद्ध से जुलाई 2022 तक भारतीय सेनाओं द्वारा फतेहपुर जनपद के शूरवीर सैनिकों को दिए गए पदकों/सम्मानों/पुरस्कारों की सूची (तिथि के अनुसार)

1. हवलदार स्वर्गीय मोहम्मद वालिद, भोपाल इन्फैंट्री, सम्मान : मेंशन इन डिस्पैच, 1942 ई. में द्वितीय विश्वयुद्ध के दौरान, ग्राम-कीर्तिखेड़ा, पोस्ट-महाखेड़ा, तहसील-बिंदकी, जिला-फतेहपुर।
2. सूबेदार मेजर ऑनरेरी कैप्टन स्वर्गीय प्रद्युम्न सिंह, 19 इन्फैंट्री डिवीजन (ई.एम.ई. कंपनी), सम्मान : मेंशन इन डिस्पैच, 1945 ई. में द्वितीय विश्वयुद्ध के दौरान, ग्राम व पोस्ट-कोट, तहसील-खागा, जिला-फतेहपुर।
3. ब्रिगेडियर स्वर्गीय एस. मानसिंह, आर्टिलरी रिकॉर्ड्स, वीरता पुरस्कार : 1948 ई.

के जम्मू-कश्मीर ऑपरेशन में वीर चक्र, सिविल लाइन्स, फतेहपुर (24 मई 1981 को दिवंगत)।

4. सूबेदार ऑनरेरी लेफ्टिनेंट स्वर्गीय गोपाल सिंह, राजपूत रेजिमेंट, वीरता पुरस्कार : 1948 ई. के जम्मू-कश्मीर ऑपरेशन में वीर चक्र, ग्राम व पोस्ट-मौहार, तहसील-बिंदकी, जिला-फतेहपुर।
5. सिपाही ऑनरेरी नायब सूबेदार स्वर्गीय सिगदार सिंह, वीरता पुरस्कार : 1948 ई. में वीर चक्र, ग्राम व पोस्ट-बसंतखेड़ा, मौजा-सिजौली, तहसील-बिंदकी, जिला-फतेहपुर।
6. फ्लाइट लेफ्टिनेंट स्वर्गीय नागेंद्र विक्रम, वायुसेना, मेंशन इन डिस्पैच, 1965 ई. में भारत-पाक युद्ध के दौरान और फिर 1988 ई. में, 403/335 मसवानी (पुरानी खानजारी नीम के पास), फतेहपुर।
7. सूबेदार ऑनरेरी कैप्टन स्वर्गीय अवधेशबहादुर सिंह, ब्रिगेड ऑफ द गार्ड्स, मेंशन इन डिस्पैच, 1971 ई. में भारत-पाक युद्ध के दौरान, ग्राम-खरगापुर, पोस्ट-बैगाँव (नौबस्ता), तहसील-खागा, जिला-फतेहपुर।
8. मेजर मनीष सिंह, पैराशूट रेजिमेंट, 1997 ई. में शौर्य चक्र विजेता, 53, कलक्टरगंज, फतेहपुर।
9. कर्नल रणवीर सिंह भदौरिया, पैराशूट रेजिमेंट, मेंशन इन डिस्पैच, ऑपरेशन पवन 2000, ग्राम-जलाला, पोस्ट-गौहार, जिला-फतेहपुर।
10. मेजर पी.के. सिंह, सेना मेडल, 2000, ग्राम-अल्लीपुर, पोस्ट-मौहार, जिला-फतेहपुर।
11. जूनियर वारंट ऑफिसर सर्वेशकुमार, वायुसेना, विशिष्ट सेवा मेडल, 2000, ग्राम-मेधापट्टी, पोस्ट-बिरनई, जिला-फतेहपुर।
12. नायक राजेंद्रकुमार सिंह, राजपूत रेजिमेंट, मेंशन इन डिस्पैच, 2000, ग्राम-दरियामऊ, पोस्ट-खखरेरू, जिला-फतेहपुर।
13. नायक शहीद विजयपाल सिंह, पैराशूट रेजिमेंट, सेना मेडल, करगिल युद्ध 2000, ग्राम-झाऊपुर, पोस्ट-गौहारारी, विकासखंड-अमौली, तहसील-बिंदकी, जिला-फतेहपुर।
14. हवलदार चंद्रपाल सिंह, आर्टिलरी रिकॉर्ड्स, सेना मेडल, 2002, ग्राम-दशहरी, पोस्ट-महाना, जिला-फतेहपुर।
15. सूबेदार शहीद बृजमोहन सिंह, राजपूत रेजिमेंट, सेना मेडल, ऑपरेशन हिफाजत 2007 ग्राम-कोंड़ार, पोस्ट-महाखेड़ा, जिला-फतेहपुर।
16. लेफ्टिनेंट जनरल राज शुक्ल (सेवानिवृत्त), आर्टिलरी रेजीमेंट, जनरल ऑफिसर कमांडिंग-इन-चीफ-आर्मी ट्रेनिंग कमांड, पदक : 2015 ई. में सेना मेडल, 2016 ई. में युद्ध सेवा मेडल और 2021 ई. में परम विशिष्ट सेवा मेडल (मूल निवासी : ग्राम व पोस्ट-भदबा, जिला-फतेहपुर)।

17. लेफ्टिनेंट कर्नल अभितेंद्रकुमार सिंह, आर.टी. रिकॉर्ड्स, शौर्य चक्र विजेता, ग्राम-अहमदपुर कुसुबा, खागा, जिला-फतेहपुर।

करगिल शहीद

विजयपाल सिंह (पिता-रामसागर यादव, माँ-सुखदेई), झाऊपुर, विकासखंड-अमौली, तहसील-बिंदकी, 10 जून 1999 को शहीद।

अन्य शहीद

विजय पांडेय (पिता- श्री कृष्ण पांडेय), जम्मू-कश्मीर के अखनूर सेक्टर में तैनात 30वीं बटालियन के 03 जून 2018 को शहीद, थाना-चाँदपुर के गाँव सठिगवाँ। उपर्युक्त के अतिरिक्त भी अनेक विभूतियाँ हो सकती हैं, जिनके बारे में अन्य स्रोतों से जानकारी की जा सकती है।

फतेहपुर के स्वातंत्र्योत्तर महानायक

1. कीर्तिशेष पद्मश्री राष्ट्रकवि सोहनलाल द्विवेदी
2. कीर्तिशेष पूर्व प्रधानमंत्री विश्वनाथ प्रताप सिंह
3. कीर्तिशेष बाबू वंशगोपाल, स्वतंत्रतासेनानी, अधिवक्ता, राजनीतिज्ञ, साहित्यकार
4. कीर्तिशेष खान गुफरान जाहिदी, राजनीतिज्ञ
5. कीर्तिशेष अशोक वाजपेयी, समाचारवाचक (आकाशवाणी)
6. कीर्तिशेष डॉ. हरिप्रसाद शुक्ल 'अकिंचन', चिकित्सक-साहित्यकार
7. कीर्तिशेष पं. रामगोपाल त्रिपाठी, स्वतंत्रतासेनानी, समाजसेवी
8. कीर्तिशेष सुखनंदन सिंह कछवाह, स्वतंत्रतासेनानी, समाजसेवी
9. कीर्तिशेष कवि-गीतकार रमानाथ अवस्थी
10. कीर्तिशेष डॉ. रामेश्वर शुक्ल श्अंचल', शिक्षाविद-साहित्यकार
11. कीर्तिशेष डॉ. कन्हैयालाल नंदन, शिक्षाविद-साहित्यकार
12. कीर्तिशेष कविवर धनंजय अवस्थी, साहित्य भूषण
13. कीर्तिशेष श्रीकृष्णकुमार त्रिवेदी, शिक्षाविद-साहित्यकार
14. कीर्तिशेष दुलारे सिंह श्वीर', शिक्षाविद-साहित्यकार
15. डॉ. कृष्णकुमार, पुरातत्ववेत्ता
16. कीर्तिशेष पं. चंद्रशेखर शुक्ल, शिक्षाविद-साहित्यकार
17. कीर्तिशेष रामकिशोर सिंह परिहार श्जिज्ञासु', समाजसेवी, कवि-साहित्यकार
18. स्वामी विज्ञानानंद, समाज-सुधारक संत
19. डॉ. ओउमप्रकाश अवस्थी, शिक्षाविद-साहित्यकार, आलोचक, पुरातत्वविद

20. डॉ. महेंद्रप्रताप सिंह, शिक्षाविद-साहित्यकार
21. डॉ. असगर वजाहत, शिक्षाविद-साहित्यकार
22. डॉ. चंद्रिकाप्रसाद दीक्षित 'ललित', शिक्षाविद-साहित्यकार, कवि-गीतकार
23. महेंद्रनाथ बाजपेयी, कवि-गीतकार, समाजसेवी
24. श्री शिवशरण सिंह चौहान 'अंशुमाली'
25. डॉ. ब्रजमोहन पांडेय 'विनीत', शिक्षाविद, कवि-गीतकार
26. डॉ. बालकृष्ण पांडेय, शिक्षाविद-साहित्यकार
27. डॉ. चंद्रकुमार पांडेय, साहित्यकार, समाजसेवी
28. श्री मधुसूदन दीक्षित, शिक्षाविद-साहित्यकार
29. श्री महेशचंद्र त्रिपाठी, शिक्षाविद-साहित्यकार
30. श्री श्रवणकुमार पांडेय, शिक्षाविद-साहित्यकार
31. डॉ. अश्विनीकुमार शुक्ल 'मनोरम', शिक्षाविद-साहित्यकार, आलोचक, वायुयोद्धा
32. डॉ. गयाप्रसाद 'सनेही', शिक्षाविद-साहित्यकार, आलोचक
33. श्री अनूप शुक्ल, शिक्षाविद-साहित्यकार, आलोचक
34. डॉ. रामलखन सिंह परिहार 'प्रांजल', शिक्षाविद-साहित्यकार
35. डॉ. बृजेंद्र अग्निहोत्री, शिक्षाविद-साहित्यकार
36. डॉ. शैलेष गुप्त 6वीर', शिक्षक-साहित्यकार
37. डॉ. मलखान सिंह विश्वकर्मा, शिक्षाविद-साहित्यकार
38. लेफ्टिनेंट जनरल राज शुक्ल (सेवानिवृत्त)
39. श्री प्रदीपकुमार श्रीवास्तव, पुलिस महानिदेशक, चंडीगढ़ (सेवानिवृत्त)
40. श्री अरविंदकुमार द्विवेदी, आई.ए.एस. (सेवानिवृत्त)
41. डॉ. सूर्यकुमार शुक्ल, अपर पुलिस महानिदेशक, उ.प्र. (सेवानिवृत्त)
42. श्री शैलेंद्र सिंह परिहार, प्रशासनिक अधिकारी, दिल्ली प्रशासन।

वर्तमान सांसद-विधायक

1. साध्वी निरंजन ज्योति, वर्तमान सांसद (सन् 2019 से), फतेहपुर लोकसभा क्षेत्र।
2. चंद्रप्रकाश लोधी, वर्तमान विधायक (सन् 2022 से), सदर (फतेहपुर) विधानसभा क्षेत्र।
3. श्रीमती कृष्णा पासवान, वर्तमान विधायक (सन् 2022 से), खागा विधानसभा क्षेत्र।
4. जयकुमार सिंह जैकी, वर्तमान विधायक (सन् 2022 से), बिंदकी विधानसभा क्षेत्र।
5. विकास गुप्त, वर्तमान विधायक (सन् 2022 से), अयाह शाह विधानसभा क्षेत्र।

6. ऊषा मौर्य, वर्तमान विधायक (2022 से), हुसैनगंज विधानसभा क्षेत्र।

7. राजेंद्र सिंह पटेल, वर्तमान विधायक (सन् 2022 से), जहानाबाद विधानसभा क्षेत्र।
उपर्युक्त दी गई सूची के अतिरिक्त फतेहपुर की माटी के अनगिनत लाल हैं, जो जीवन के हर क्षेत्र में लीक से अलग हटकर समाज और राष्ट्र की सेवा में निरत हैं।

फतेहपुर जनपद के प्रशासनिक अधिकारी

1. श्रीमती श्रुति, जिलाधिकारी
2. श्री राजेशकुमार सिंह, पुलिस अधीक्षक

परिशिष्ट

आधार ग्रंथ

क्र. सं.	ग्रंथ का नाम	लेखक/संपादक का नाम	प्रकाशक का नाम व पता	वर्ष और संस्करण
1	अनुकाल	प्रधान संपादक : डॉ. ओउमप्रकाश अवस्थी	साहित्य रत्नालय, गिलिस बाजार, कानपुर-208001	प्रथम, 2013 ई.
2	अमर शहीद जोधासिंह अटैया बावनी	मधुसूदन दीक्षित	पुष्पा स्मृति सेवा समिति (साहित्य प्रभाग), 153, दक्षिणी अंबेदकरनगर, फतेहपुर-212601 (उ.प्र.)	प्रथम, 2017 ई.
3	अमर शहीद ठा. दरियाव सिंह	डॉ. ब्रजमोहन पांडेय 'विनीत'	आशीष प्रकाशन (वितरक : ज्ञानोदय प्रकाशन, 6-7 जी, मानसरोवर कॉम्प्लेक्स, गोपाल टॉकीज, पी. रोड, कानपुर-208012 (उ.प्र.)	प्रथम, 2013 ई.
4	अनुवाक	प्रधान संपादक : डॉ. ओउमप्रकाश अवस्थी	साहित्य रत्नालय, गिलिस बाजार, कानपुर-208001	द्वितीय, 2015 ई.
5	जय फतेहपुर	डॉ. हरिप्रसाद शुक्ल 'अकिंचन'	साहित्य भारती, भद्रवास, (भदबा), फतेहपुर (उ.प्र.)	प्रथम 2014 ई.
6	फतेहपुर का काव्य प्रकाश	प्रधान संपादक : शिवशरण सिंह चौहान 'अंशुमाली'	शांतिनिकेतन मानव कल्याण समिति, 253 ईडब्ल्यूएस, आवास विकास, फतेहपुर	प्रथम 2010 ई.

7	फ्रीडम स्ट्रगल इन उत्तर प्रदेश	डॉ. एस.ए.ए. रिज़वी	सूचना विभाग, उत्तर प्रदेश	---
8	भगवंतराय खीची और उनके मंडल के कवि	डॉ. महेंद्रप्रताप सिंह	नेशनल पब्लिशिंग हाउस, 4230/1 अंसारी रोड, दरियागंज, नई दिल्ली-110002	प्रथम 2017 ई.
9	भारत का इतिहास भाग-1	ईश्वरीप्रसाद	इंडियन पब्लिकेशन्स लिमिटेड, प्रयाग (उ.प्र.)	1955 ई.
10	भारत दुर्दशा	भारतेंदु हरिश्चंद्र	---	1875 ई.
11	यशस्वी पीढ़ियाँ	संपादक : डॉ. बालकृष्ण पांडेय	राज स्मृति सेवा संस्थान, राजभवन, गाजीपुर, फतेहपुर-212601 (उ.प्र.)	2011 ई.
12	संघर्षकालीन नेताओं की जीवनियाँ	डॉ. मोतीलाल भार्गव	सूचना विभाग, उत्तर प्रदेश	1957 ई.
13	सत्याग्रह अरु असहयोग का आल्हा	संपादक : डॉ. ओउमप्रकाश अवस्थी	साहित्य रत्नालय, गिलिस बाजार, कानपुर-208001	प्रथम 2011 ई.
14	1857 तथा दरियाव सिंह	डॉ. शिवगोपाल मिश्र, दयाशंकर मिश्र एवं चंद्रपाल सिंह	अमर शहीद दरियाव सिंह स्मारक समिति, खागा, फतेहपुर (उ.प्र.)	---

चित्रावली

फतेहपुर जनपद के एकमात्र जीवित 101 वर्षीय स्वतंत्रतासेनानी श्री विश्वनाथ खन्ना जी

श्री विश्वनाथ खन्ना जी (फतेहपुर जनपद के एकमात्र जीवित स्वतंत्रतासेनानी) के साथ लेखक डॉ. अश्विनीकुमार शुक्ल (दाहिने) और सर्वेक्षक डॉ. गयाप्रसाद 'सनेही' (बाएँ)

कार्यालय जिला सैनिक कल्याण एवं पुनर्वास,
फतेहपुर के परिसर में स्थित अमर शहीद स्मारक

कार्यालय जिला सैनिक कल्याण एवं पुनर्वास,
फतेहपुर के परिसर में स्थित युद्ध स्मारक

मुगलकालीन खजुहा के अवशेषों के विभिन्न चित्र

बागबादशाही खजुहा

अमर शहीद ठाकुर दरियाव सिंह

खजुहा नगर के समीप स्थित 'बावनी इमली शहीद स्मारक' पार्क का मुख्यद्वार

(बाएँ) बावनी इमली के नाम से ख्यात इमली का वही पेड़ जिससे लटकाकर 28 अप्रैल 1858 को ठाकुर जोधासिंह अटैया सहित अन्य 51 अज्ञात स्वतंत्रतासेनानियों को सामूहिक रूप से फाँसी दे दी गई थी, (बीच में) तीनों शिलापटों पर अंकित खजुहा विकासखंड के स्वतंत्रतासेनानियों के नाम और (दाहिने) अमर शहीद ठाकुर जोधासिंह अटैया की भव्य प्रतिमा

'बावनी इमली' पेड़ और 'शहीद स्तंभ' का एक विहंगम दृश्य

बावनी इमली शहीद स्मारक' पार्क के परिसर में स्थित अमर शहीद ठाकुर जोधासिंह अटैया की भव्य प्रतिमा के सामने खड़े लेखक डॉ. अश्विनीकुमार शुक्ल (बाएँ) और सर्वेक्षक डॉ. गयाप्रसाद 'सनेही' (दाहिने)

अनूठी वास्तुकला का उदाहरण तेंदुली का नारायण मंदिर

तांबेश्वर मंदिर, फतेहपुर

फतेहपुर जनपद में विद्यमान प्राचीन शिव मंदिरों की शृंखला का एक शिव मंदिर

नारायण कुटी स्थित फतेहपुर का ऐतिहासिक तालाब

रानी तालाब, हसवा

रानी तालाब, हसवा की एक और छवि

शोध-अभियान पर यमुनातट स्थित प्राचीन ऐतिहासिक गाँव रेंह में
शोधकर्ता डॉ. बृजेंद्र अग्निहोत्री

शोध-अभियान पर फतेहपुर जनपद के जोनिहा और अमौली के बीच रिंद
नदी पर बने पुल पर शोधकर्ता डॉ. बृजेंद्र अग्निहोत्री